Ulrich Remanofsky

Zur Orientierung

Deutschland-Quiz

Hueber Verlag

Quellenverzeichnis

Umschlag: 2. Foto von links: © panthermedia/Aje; alle anderen: © MEV
Umschlag Innenseite: Karte © www.cartomedia-karlsruhe.de
Seite 6: oben von links: Reichstag, Schloss Neuschwanstein © MEV; Wintersport © Panthermedia;
Automontage © BMW-Group
Unten von links : Brandenburgertor © Panthermedia; Goethe und Schiller © MEV;
Deutschlandflagge © MHV-Archiv; Lorelei © MEV
Seite 9: Deutschlandkarte: © MHV-Archiv
Seite 18: Wappen der Bundesländer © MHV-Archiv
Seite 20: oben © Picture-alliance/IMAGNO/Austrian Archivs; unten © BMW-Group
Seite 21: Ludwig Erhard © Haus der Geschichte
Seite 22: alle Fotos © picture-alliance
Seite 28: alle Fotos © picture-alliance
Seite 29: alle Fotos © picture-alliance
Seite 30: 1: Karte © www.cartomedia-karlsruhe.de
Seite 33: alle Fotos © picture-alliance
Seite 35: Karte © MHV-Archiv
Seite 37: Karte © MHV-Archiv
Seite 40: a) © [M] Mercedes Benz Group, Volkswagen AG, Audi AG, BMW Group;
b) © Reinhard Eisele/eiselephotos; c) © Panthermedia d) © iStockphoto; e) © MEV; f) © iStockphoto;
g) © picture-alliance; h) © Fotolia; i) © iStockphoto; j) © iStockphoto; k) © Bildunion l) © Panthermedia
Seite 53: Karte © MHV-Archiv
Seite 56: Kurfürstendamm © Tiofoto/F1online
Seite 58: Verkehrsschild © iStockphoto
Seite 61: Zeitungskiosk © picture-alliance
Seite 66: Goethe und Schiller © MEV
Seite 70: a,b,c,d,f: © picture-alliance e) © Finest Images
Seite 72: alle Fotos © picture-alliance
Seite 74: alle Fotos © picture-alliance
Seite 75: alle Fotos © picture-alliance

Abkürzungen

bzw.	beziehungsweise
ca.	circa
d.h.	das heißt
etc.	et cetera
S.	Seite
u.a.	unter anderem
usw.	und so weiter
z.B.	zum Beispiel

Das Werk und seine Teile sind urheberrechtlich geschützt.
Jede Verwertung in anderen als den gesetzlich zugelassenen
Fällen bedarf deshalb der vorherigen schriftlichen
Einwilligung des Verlags.

Hinweis zu § 52a UrhG: Weder das Werk noch seine Teile dürfen ohne
eine solche Einwilligung überspielt, gespeichert und in ein Netzwerk
eingespielt werden. Dies gilt auch für Intranets von Firmen, Schulen
und sonstigen Bildungseinrichtungen.

4.	3.	2.		Die letzten Ziffern
2016	15	14	13 12	bezeichnen Zahl und Jahr des Druckes.

Alle Drucke dieser Auflage können, da unverändert,
nebeneinander benutzt werden.
1. Auflage
© 2010 Hueber Verlag, 85737 Ismaning, Deutschland
Redaktion: Susanne Wagner, Ingolstadt
Druck und Bindung: Auer Buch + Medien GmbH, Donauwörth
Printed in Germany
ISBN 978–3–19–101499–5

Vorwort

Warum ein Landeskunde-Quiz?

Die meisten Lehrwerke für Deutsch als Fremdsprache und Deutsch als Zweitsprache konzentrieren sich auf die Vermittlung von Sprache. Landeskunde präsentiert sich vor allem über die Alltagssituationen, durch die man lernt, im Alltag in den deutschsprachigen Ländern angemessen zu kommunizieren. Die Vermittlung von landeskundlichem „Faktenwissen" spielt dabei eine eher untergeordnete Rolle.

Im Rahmen der Integrationspolitik der Bundesrepublik Deutschland ist neben den Sprachkenntnissen auch das Wissen über Deutschland, über seine Geografie und Politik, seine Geschichte, seine Gesellschaft und seine Kultur in den Fokus gerückt. Vermittelt werden diese Themen in Deutschland in Orientierungskursen und in Einbürgerungskursen.

Viele Aspekte dieser Themenbereiche sind auch für landeskundliche Kurse außerhalb Deutschlands interessant, da das „Curriculum für Orientierungskurse des Bundesamts für Migration und Flüchtlinge" als Raster für die Themenauswahl für Landeskundekurse allgemein dienen kann.

Mit **Zur Orientierung Deutschland-Quiz** können Sie das landeskundliche Wissen Ihrer Kursteilnehmerinnen und Kursteilnehmer spielerisch testen. Gleichzeitig kann man die Quizfragen für das selbstständige Arbeiten zu Hause und im Kurs verwenden.

Hinweise zur Arbeit mit dem Deutschland-Quiz

Zur Orientierung Deutschland-Quiz besteht aus zwei Teilen:

Teil 1 enthält Fragen zu den Themen Politik, Geschichte und Gesellschaft. Er lehnt sich an das Kursbuch **Zur Orientierung – Basiswissen Deutschland** an (Hueber-Nummer 001499) und fragt das grundlegende Wissen zu Deutschland und den Deutschen ab.
Mit Teil 1 kann man sich gleichzeitig auf die Tests vorbereiten, die für eine Aufenthaltsgenehmigung bzw. eine Einbürgerung in Deutschland obligatorisch sind:
Orientierungskurstest: Dazu dienen alle Fragen in den Teilen „Basiswissen".
Einbürgerungstest: Dazu dienen alle Fragen in den Teilen „Basiswissen" und „Erweitertes Wissen".
Ab Seite 77 gibt es einen Lösungsschlüssel und einen Bewertungsschlüssel zu den Fragen in Teil 1.
Zur Einschätzung der Bestehenschancen gibt es im Internet (www.hueber.de/orientierung) Modelltests mit Fragen aus dem offiziellen Fragenkatalog des „Bundesamtes für Migration und Flüchtlinge".

Teil 2 enthält Fragen zu den Themen Geografie, Verkehr, Medien, Literatur, Film, Musik, Malerei und Sport sowie zu bekannten Deutschen. Diese Fragen helfen dabei, Deutschland noch besser kennenzulernen und sich noch besser in Deutschland zu orientieren.
Wie in Teil 1 wird unterschieden zwischen „Basiswissen" und „Erweitertes Wissen", und zu allen Fragen gibt es einen Lösungs- und einen Bewertungsschlüssel (ab Seite 80).

Viel Spaß und Erfolg

Autor und Verlag

Inhalt

Teil 1: Politik, Geschichte, Mensch und Gesellschaft [1)]

0 Kleines Deutschland-Quiz ... 6

Modul 1: Politik in der Demokratie
Basiswissen ... 7
Die Bundesländer ... 7
Bund und Länder ... 10
Politische Parteien und die Bundestagswahl ... 11
Gewaltenteilung ... 14
Politische Einflussnahme ... 14
Rechtsstaat Deutschland, Bürgerrechte, Bürgerpflichten ... 15
Rechtsprechung in der Bundesrepublik Deutschland ... 16
Staatssymbole ... 18
Sozialstaat Deutschland ... 18
Soziale Marktwirtschaft ... 20
Erweitertes Wissen ... 22
Bundeskanzler, Parteien und Wahlen ... 22
Gewaltenteilung und Rechtsprechung ... 23
Wirtschaft und Gewerkschaften ... 26

Modul 2: Geschichte und Verantwortung
Basiswissen ... 27
Nationalsozialismus und der Zweite Weltkrieg ... 27
Von der Teilung bis zur Wiedervereinigung ... 29
Die Geschichte der Migration nach Deutschland ... 34
Die Europäische Union ... 35
Erweitertes Wissen ... 36
Von der Weimarer Republik bis zum Zweiten Weltkrieg ... 36
Deutschland nach dem Krieg ... 37
Die DDR und die Bundesrepublik Deutschland ... 38
Die Europäische Union (EU) ... 39

Modul 3: Mensch und Gesellschaft
Basiswissen ... 40
Das alles ist Deutschland ... 40
Die deutsche Sprache ... 40
Regionale Spezialitäten ... 41
Menschen in Deutschland ... 41
Bildung als Aufgabe der Länder ... 43
Religiöse Vielfalt ... 46
„Typisch"… ... 47
Kulturelle Orientierung – Verhalten und Regeln ... 48
Erweitertes Wissen ... 50

[1)] Die Quizfragen in Teil 1 decken gleichzeitig den Lernstoff des Orientierungskurses und des Einbürgerungskurses in Deutschland ab.

Inhalt

Teil 2: 100 weitere Quizfragen – von „Geografie" bis „Sport"

Modul 4: Geografie
Basiswissen ... 51
Erweitertes Wissen ... 53

Modul 5: Berlin
Basiswissen ... 56
Erweitertes Wissen ... 57

Modul 6: Verkehr
Basiswissen ... 58
Erweitertes Wissen ... 59

Modul 7: Medien
Basiswissen ... 61
Erweitertes Wissen ... 62

Kreuzworträtsel zu „Geografie", „Berlin", „Verkehr" und „Medien" ... 65

Modul 8: Literatur
Basiswissen ... 66
Erweitertes Wissen ... 67

Modul 9: Film, Musik und Malerei
Basiswissen ... 70
Erweitertes Wissen ... 71

Modul 10: Bekannte Deutsche
Basiswissen ... 72
Erweitertes Wissen ... 73

Modul 11: Sport
Basiswissen ... 75
Erweitertes Wissen ... 76

Lösungsschlüssel: Kleines Deutschland-Quiz, Module 1–11 ... 77

Bewertungsschlüssel: Kleines Deutschland-Quiz, Module 1–11 ... 83

0 Kleines Deutschland-Quiz

Richtig oder falsch? Kreuzen Sie an.

		richtig	falsch
a	1949 wurden die Bundesrepublik Deutschland und die DDR gegründet.	☐	☐
b	Konrad Adenauer war der erste Bundeskanzler der Bundesrepublik Deutschland.	☐	☐
c	1990 traten die 5 östlichen Bundesländer der Bundesrepublik Deutschland bei.	☐	☐
d	Die Bundesrepublik Deutschland hat ca. 82,5 Millionen Einwohner.	☐	☐
e	In der Bundesrepublik Deutschland leben ca. 6,7 Millionen Ausländer.	☐	☐
f	Die Hauptstadt der Bundesrepublik Deutschland ist Berlin.	☐	☐
g	Die Bundesrepublik Deutschland besteht aus 12 Bundesländern.	☐	☐
h	Jeder Mensch darf seine Meinung frei äußern und nach seiner eigenen Religion leben.	☐	☐
i	Frauen haben die gleichen Rechte wie Männer.	☐	☐
j	Alle Mädchen und Jungen ab 4 Jahren müssen in die Schule gehen.	☐	☐
k	Für das Studium an einer Universität braucht man das Abitur.	☐	☐
l	In Deutschland gibt es viele verschiedene Dialekte.	☐	☐
m	Weltweit haben mehr als 100 Millionen Menschen Deutsch als Muttersprache.	☐	☐
n	Staat und Kirche sind voneinander getrennt.	☐	☐
o	Die beiden größten Religionsgemeinschaften sind die katholische und die evangelische Kirche.	☐	☐
p	Goethe und Schiller sind die größten deutschen Dichter.	☐	☐
q	Richard Wagner war ein großer deutscher Physiker.	☐	☐
r	Das Auto wurde von Carl Benz und Gottlieb Daimler erfunden.	☐	☐
s	Der höchste Berg der Bundesrepublik Deutschland ist die Zugspitze (2962 Meter).	☐	☐
t	Der größte deutsche See ist der Bodensee.	☐	☐

Basiswissen

Politik in der Demokratie

1 **Richtig oder falsch? Kreuzen Sie an.**   richtig falsch
   a Deutschland ist ein demokratischer und sozialer Bundesstaat.   ☐   ☐
   b Die deutsche Verfassung, die seit 1949 gilt, heißt „Grundgesetz".   ☐   ☐
   c Deutschland ist ein Rechtsstaat, d.h. alle Bürger/Bürgerinnen und der Staat   ☐   ☐
      müssen sich an die Gesetze halten.
   d Die Staatsgewalt geht vom Volk aus; dies nennt man „Volkssouveränität".   ☐   ☐
   e Die Wahlen der Volksvertreter, die Bundestagswahlen, finden alle 6 Jahre statt.   ☐   ☐
   f Die deutsche Nationalhymne beginnt mit den Worten „Einigkeit und Recht   ☐   ☐
      und Freiheit …".
   g Die deutsche Flagge hat die Farben schwarz-rot-grün.   ☐   ☐

Die Bundesländer

2 **Notieren Sie die Namen der Bundesländer. Bei einigen sind die Silben durcheinander gekommen.**
   a BA/DEN-BERG/WÜRT/TEM   _Baden-Württemberg_
   b BAY/ERN   _Bayern_
   c BER/LIN   _____
   d BURG/BRAN/DEN   _____
   e BRE/MEN   _____
   f HAM/BURG   _____
   g HES/SEN   _____
   h BURG/MECK/LEN-VOR/POM/MERN _____
   i SACH/SEN/NIE/DER   _____
   j RHEIN/NORD-WEST/FA/LEN   _____
   k LAND/RHEIN-PFALZ   _____
   l SAAR/LAND   _____
   m SACH/SEN   _____
   n SACH/SEN-HALT/AN   _____
   o WIG/SCHLES-STEIN/HOL   _____
   p THÜ/RIN/GEN   _____

3 **Stadt und Bundesland?**
   Von den 6 folgenden Städten sind 3 gleichzeitig auch Bundesländer. Kreuzen Sie an.

   a Berlin   ☐   d Bremen   ☐
   b München   ☐   e Stuttgart ☐
   c Bonn   ☐   f Hamburg   ☐

4 **Welche der 4 folgenden Listen enthält nur Bundesländer, die zum Gebiet der früheren DDR gehörten? Kreuzen Sie an.**
   a Bayern, Baden-Württemberg, Rheinland-Pfalz, Thüringen, Sachsen   ☐
   b Brandenburg, Hessen, Niedersachsen, Nordrhein-Westfalen, Schleswig-Holstein   ☐
   c Brandenburg, Mecklenburg-Vorpommern, Sachsen, Sachsen-Anhalt, Thüringen   ☐
   d Berlin, Bremen, Hamburg, Niedersachsen, Saarland   ☐

1 Politik in der Demokratie — Basiswissen

5 Suchgitter: Suchen Sie die Hauptstädte der 16 Bundesländer (waagerecht und senkrecht) und tragen Sie sie in die Liste unter dem Rätsel ein.
Ü = UE

B	R	D	D	F	A	S	T	E	L	K	A	M	E	N	S
R	U	E	U	G	L	T	P	R	O	S	M	U	R	I	A
E	S	T	E	H	S	U	O	F	M	A	E	S	G	E	A
U	C	A	S	S	T	U	T	T	G	A	R	T	A	M	R
M	H	K	S	I	R	A	S	T	U	R	G	U	R	A	S
O	W	I	E	S	B	A	D	E	N	B	E	R	L	I	N
S	E	E	L	M	A	N	A	S	B	R	E	M	E	N	K
G	R	L	D	U	N	S	M	M	U	U	N	C	H	Z	N
K	I	E	O	N	K	O	L	M	U	E	N	C	H	E	N
G	N	O	R	D	E	M	A	A	U	C	H	E	N	R	T
E	R	U	F	R	R	M	A	G	D	K	B	U	R	F	E
R	E	U	P	E	L	M	A	D	D	E	B	U	R	U	E
F	O	R	C	S	R	E	S	E	E	N	Z	A	S	R	I
U	N	E	H	D	H	A	M	B	U	R	G	P	D	T	R
R	O	L	S	E	A	Z	V	U	S	S	E	L	E	K	E
T	H	A	N	N	O	V	E	R	L	B	I	S	N	A	U
E	I	F	U	R	T	M	A	G	O	S	T	O	I	L	I

Waagerecht: a _Berlin_
b _____
c _____
d _____
e _____
f _____
g _____

Senkrecht: a _Düsseldorf_
b _____
c _____
d _____
e _____
f _____
g _____
h _____
i _____

Basiswissen — Politik in der Demokratie

6 Ergänzen Sie auf der unten stehenden Deutschlandkarte die fehlenden Bundesländer und Hauptstädte.

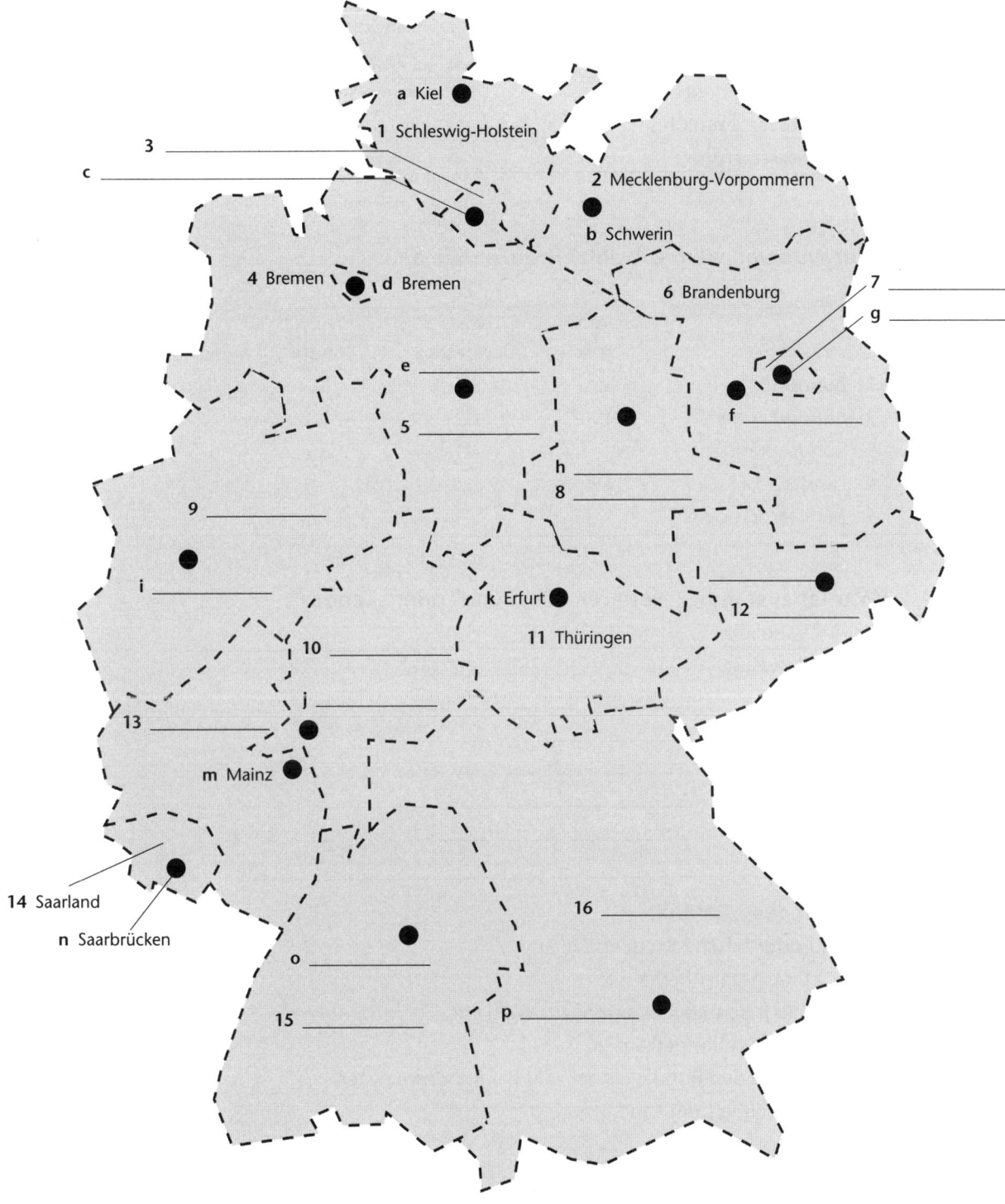

Bundesländer: Baden-Württemberg, Bayern, Berlin, ~~Brandenburg~~, ~~Bremen~~, Hamburg, Hessen, ~~Mecklenburg-Vorpommern~~, Niedersachsen, Nordrhein-Westfalen, Rheinland-Pfalz, ~~Saarland~~, Sachsen, Sachsen-Anhalt, ~~Schleswig-Holstein~~, ~~Thüringen~~

Hauptstädte: Berlin, ~~Bremen~~, Dresden, Düsseldorf, ~~Erfurt~~, Hamburg, Hannover, ~~Kiel~~, Magdeburg, ~~Mainz~~, München, Potsdam, ~~Saarbrücken~~, ~~Schwerin~~, Stuttgart, Wiesbaden

Zur Orientierung – Deutschland-Quiz, ISBN 978–3–19–101499–5, © 2010 Hueber Verlag

1 Politik in der Demokratie — Basiswissen

Bund und Länder

7 In beiden Rubriken passt ein Wort nicht. Kreuzen Sie dieses Wort an.

Bund:
- a Bundestag ☐
- b Bundesrat ☐
- c Ministerpräsident ☐
- d Bundesversammlung ☐
- e Bundesregierung ☐

Länder:
- a Landtag ☐
- b Landesregierung ☐
- c Bundespräsident ☐

8 Wer wird von wem gewählt? Kreuzen Sie an.

	a vom Volk	b vom Bundestag	c vom Landtag	d von der Bundesversammlung
1 Bundestag	☐	☐	☐	☐
2 Bundeskanzler	☐	☐	☐	☐
3 Bundespräsident	☐	☐	☐	☐
4 Landtag	☐	☐	☐	☐
5 Ministerpräsident	☐	☐	☐	☐

9 Wer ist zuständig? Notieren Sie „Bund" oder „Länder".
- a Außenpolitik: *Bund*
- b Bundeswehr: _____
- c Polizei: _____
- d Steuern: _____
- e Schulen: _____
- f Universitäten: _____
- g Währung: _____

10 Der Bundespräsident

Richtig oder falsch? Kreuzen Sie an.   richtig   falsch
- a Er ist das Staatsoberhaupt. ☐ ☐
- b Er schlägt den Bundeskanzler zur Wahl vor. ☐ ☐
- c Er wählt den Bundeskanzler. ☐ ☐
- d Er ernennt den Bundeskanzler und die Bundesminister. ☐ ☐
- e Er repräsentiert das Land. ☐ ☐

11 Der Bundeskanzler

Richtig oder falsch? Kreuzen Sie an.   richtig   falsch
- a Er leitet die Regierung. ☐ ☐
- b Er trägt die Regierungsverantwortung. ☐ ☐
- c Er wählt die Ministerpräsidenten der 16 Länder. ☐ ☐
- d Er wird vom Bundestag gewählt. ☐ ☐

| Basiswissen | Politik in der Demokratie | 1 |

12 Der Bundestag

Richtig oder falsch? Kreuzen Sie an.   richtig falsch
a Er wird vom Volk für 4 Jahre gewählt.   ☐ ☐
b Er diskutiert und verabschiedet Gesetze.   ☐ ☐
c Er kontrolliert die Politik der 16 Länder.   ☐ ☐
d Der Bundestagssitz ist in Berlin.   ☐ ☐

13 Bundesrat, Bundesversammlung, Landtag, Ministerpräsident

Richtig oder falsch? Kreuzen Sie an.   richtig falsch
a Im Bundesrat sitzen Vertreter der Bundesregierung.   ☐ ☐
b Der Bundesrat gehört zur Legislative.   ☐ ☐
c Die Bundesversammlung wählt den Bundespräsidenten.   ☐ ☐
d Im Landtag diskutieren die Abgeordneten über die Politik   ☐ ☐
   der Landesregierung.
e Die Abgeordneten der Landtage (wie auch die Abgeordneten   ☐ ☐
   des Bundestages) werden nicht direkt vom Volk gewählt.
f Der Ministerpräsident ist der Chef der Landesregierung.   ☐ ☐

14 Was ist die Rolle der parlamentarischen Opposition im Bundestag und im Landtag? Kreuzen Sie an.

a Sie kontrolliert die Regierung.   ☐   c Sie bestimmt, wer im Bundesrat sitzt.   ☐
b Sie entscheidet, wer Minister wird.   ☐   d Sie schlägt die Regierungschefs der Länder vor.   ☐

15 Verfassungsorgane

Welches Organ gehört _nicht_ zu den Verfassungsorganen? Kreuzen Sie an.

a der Bundesrat   ☐   c die Bürgerversammlung   ☐
b der Bundespräsident   ☐   d die Bundesregierung   ☐

16 Bundes...

Wie heißen die Wörter? Sie beginnen alle mit „Bundes...".

a Bundesk a n z l e r   e Bundesr _ _ _ _ _ _ _ g
b Bundesw _ _ r   f Bundesp _ _ _ _ _ _ _ t
c Bundesr _ _ _ _ _ _ k   g Bundesv _ _ _ _ _ _ _ _ _ g
d Bundest _ _ _ _ _ _ l   h Bundesv _ _ _ _ _ _ _ _ _ _ _ _ _ _ t

Politische Parteien und die Bundestagswahl

17 Welche der folgenden Parteien sind Parteien der Bundesrepublik Deutschland? Kreuzen Sie an.

(5 Lösungen)

a CDU/CSU   ☐   d Bündnis 90/Die Grünen   ☐
b SPD   ☐   e FDP   ☐
c NSDAP   ☐   f DIE LINKE   ☐

1 Politik in der Demokratie — Basiswissen

18 **Was heißt CDU? Kreuzen Sie an.**
a Christlich-Demokratische Union Deutschlands ☐   b Christlich-Deutsche Union ☐

19 **Was heißt CSU? Kreuzen Sie an.**
a Christlich-Sozialistische Union ☐   b Christlich-Soziale Union ☐

20 **Was heißt SPD? Kreuzen Sie an.**
a Sozialdemokratische Partei Deutschlands ☐   b Soziale Partei Deutschlands ☐

21 **Was heißt FDP? Kreuzen Sie die richtige Antwort an.**
a Freie Deutsche Partei ☐   b Freie Demokratische Partei ☐

22 **Parteien im demokratischen System der Bundesrepublik Deutschland**
Ordnen Sie zu.
1 Warum gibt es in der Bundesrepublik Deutschland mehr als nur eine Partei?
2 Die Zusammenarbeit mehrerer Parteien zur Bildung einer Regierung
3 Die CDU/CSU und die SPD
4 Wann kann eine Partei verboten werden?
5 Wenn eine Partei eine Diktatur errichten will,
6 Eine Partei im Bundestag will die Pressefreiheit abschaffen. Ist das möglich?

a Wenn sie gegen die Verfassung kämpft.
b Nein, denn die Pressefreiheit ist ein Grundrecht, das nicht abgeschafft werden kann.
c ist sie verfassungswidrig und kann verboten werden.
d nennt man Koalition.
e Damit die unterschiedlichen Meinungen der Bürger und Bürgerinnen vertreten werden.
f sind zurzeit die größten Parteien.

1	2	3	4	5	6
e					

Basiswissen — Politik in der Demokratie

23 Bundestagswahl
Setzen Sie ein.

> Wahlsystem | ~~5 Prozent~~ | Bürger/Bürgerin | Zwang | Stimmen | gewählt

a Eine Partei muss mindestens _5 Prozent_ der Wählerstimmen bekommen, um in den Bundestag gewählt zu werden (= „5 %-Hürde").

b Bei der Bundestagswahl darf jeder wählen, der _____ der Bundesrepublik Deutschland ist und mindestens 18 Jahre alt – also volljährig – ist.

c Die Wahlen gewinnt die Partei, die die meisten _____ erhält.

d Abgeordnete nennt man Parlamentsmitglieder, die von den Wählern _____ wurden.

e Die Wahlen sind frei. Das bedeutet, dass jede Person ohne _____ entscheiden kann, ob sie wählen möchte und wen sie wählen möchte.

f Das _____ ist ein Mehrheits- und Verhältniswahlrecht.

24 Kreuzworträtsel zum Thema „Bundesrepublik Deutschland"
Ä = AE; Bundesrepublik Deutschland = BRD

waagerecht:
1 Partei der BRD (Partei von A. Merkel)
2 Stadt, die auch ein Bundesland ist
3 Sie wählt den Bundespräsidenten.
4 Mitglied der Regierung
5 Bundesland in Ostdeutschland
6 Staatsform der BRD
7 Armee der BRD
8 Bundesland in Süddeutschland
9 Regierungschef der BRD

senkrecht:
1 Land – Landtag, ... - Bundestag
2 Parlamentswahl in der BRD
3 Früher hieß sie „DM", jetzt „EURO".
4 Parlament eines Bundeslandes
5 Verfassung der BRD

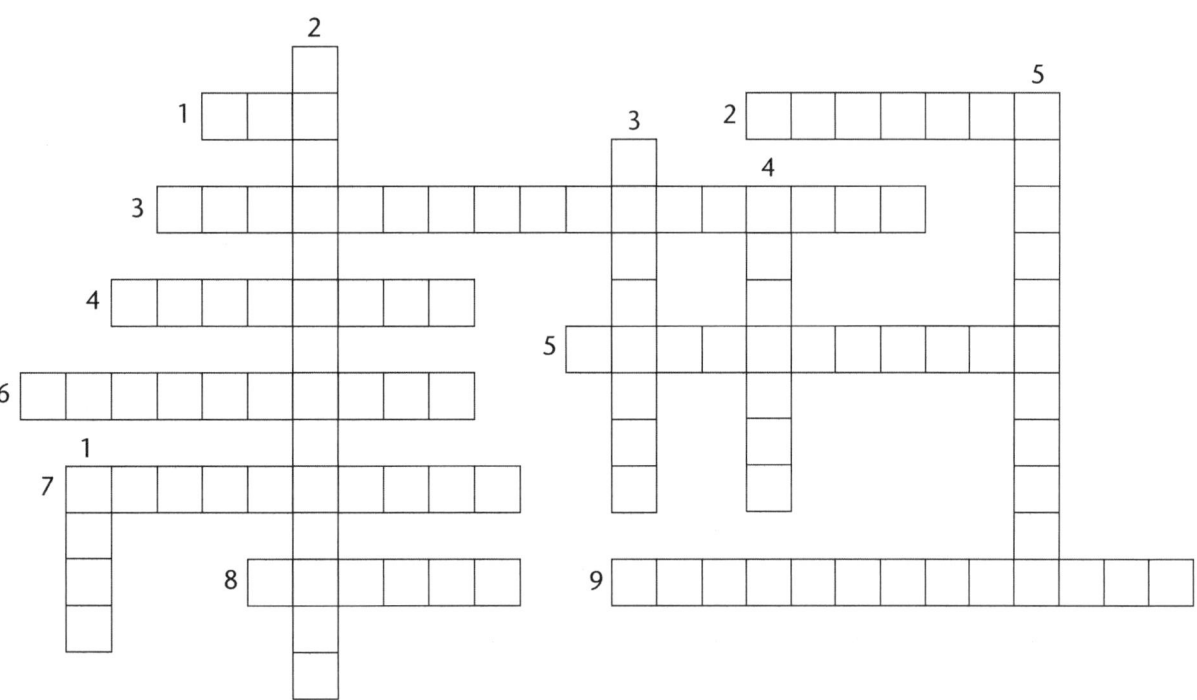

1 Politik in der Demokratie — Basiswissen

Gewaltenteilung

25 Die 3 Gewalten im demokratischen System der Bundesrepublik Deutschland
Welches Wort passt nicht? Kreuzen Sie an.
a Legislative ☐   b die Medien ☐   c Exekutive ☐   d Judikative ☐

26 Aufgaben der 3 Gewalten
Richtig oder falsch? Kreuzen Sie an.   richtig   falsch
a Die Legislative macht Gesetze.   ☐ ☐
b Die Legislative kontrolliert den Bundestag.   ☐ ☐
c Die Exekutive kontrolliert den Bundesrat.   ☐ ☐
d Die Exekutive sorgt dafür, dass sich alle an Gesetze halten.   ☐ ☐
e Die Judikative ist Aufgabe der Gerichte.   ☐ ☐
f Die Judikative bestraft Personen, die gegen ein Gesetz handeln.   ☐ ☐

Politische Einflussnahme

27 Was bedeutet Demokratie? Eine Antwort ist falsch. Kreuzen Sie an.
a Das Wort „Demokratie" kommt aus dem Griechischen und bedeutet Volksherrschaft. ☐
b Es gibt verschiedene politische Parteien, die man wählen kann. ☐
c Die Wahlen sind frei und geheim. ☐
d Die Partei, die die meisten Stimmen erhält, darf regieren. ☐
e Die Partei, die gewählt wurde, kann so lange regieren, wie sie will. ☐
f In bestimmten Zeitabständen wird neu gewählt. ☐
g Jeder hat das Recht, seine Meinung frei zu sagen. ☐
h Alle Bürger haben die gleichen Rechte und Pflichten. ☐

28 Demokratie in der Praxis:
Was können Sie bei Problemen in Ihrer Stadt/Ihrer Gemeinde tun?

Liste mit einigen Problemen:
- In Ihrem Wohngebiet sollen Parkplatzgebühren (= Man muss den Parkplatz bezahlen.) eingeführt werden.
- In Ihrem Stadtviertel soll das Schwimmbad geschlossen werden.
- In der Schule Ihres Kindes sind mehrere Kinder schwer erkrankt. Sie glauben, dass eine Mobilfunkantenne auf dem Dach des Nebenhauses dafür verantwortlich ist.
- Schwere Lastwagen fahren regelmäßig durch Ihr Wohngebiet.
- Auf dem Gelände des Stadtparks Ihrer Stadt soll ein Einkaufszentrum gebaut werden.

Was können Sie tun? Kreuzen Sie an. (4 Lösungen)
a Sie organisieren eine Demonstration durch die Straßen Ihrer Stadt; ☐
   diese Demonstration müssen Sie aber vorher anmelden.
b Sie bitten die politischen Parteien in Ihrer Stadt/Gemeinde um Hilfe. ☐
c Sie engagieren sich in einer „Bürgerinitiative". ☐
d Sie protestieren in Leserbriefen in einer lokalen Zeitung. ☐
e Sie nehmen einen Politiker (z.B. den Bürgermeister) als Geisel. ☐

Basiswissen — Politik in der Demokratie

29 Was sind die Aufgaben von Ausländerbeiräten? Setzen Sie ein.

> ~~Interessen~~ | Bevölkerung | ausländischen | Integration | kämpfen

Die Ausländerbeiräte vertreten die _Interessen_ der nichtdeutschen Mitbürger. Sie _____ z.B. gegen Diskriminierung am Arbeitsplatz. Sie engagieren sich für Bildung und für _____ in Kindergärten und Schulen. Sie informieren über die Anerkennung von _____ Diplomen. Sie vertreten die ausländische Bevölkerung bei der Stadtverwaltung. Die Ausländerbeiräte werden von der ausländischen _____ direkt und demokratisch gewählt.

Rechtsstaat Deutschland, Bürgerrechte, Bürgerpflichten

30 a Welche Rechte garantiert das Grundgesetz? Kreuzen Sie an. (5 Lösungen)
- a Die Würde des Menschen ist unantastbar. ☐
- b Alle Menschen sind vor dem Gesetz gleich. ☐
- c das Recht auf Glaubens- und Gewissensfreiheit ☐
- d Man darf seine Kinder schlagen. ☐
- e das Recht auf freie Meinungsäußerung ☐
- f das Recht auf Freizügigkeit (= Man kann seinen Wohnsitz frei wählen.) ☐

30 b Wann ist die Meinungsfreiheit eingeschränkt? Kreuzen Sie an. (1 Lösung)
- a bei der öffentlichen Verbreitung falscher Behauptungen einzelner Personen ☐
- b bei Meinungsäußerungen über die Bundesregierung ☐
- c bei Diskussion über Religionen ☐
- d bei Kritik am Staat ☐

30 c Welches Grundrecht gilt nur für Ausländer? Das Grundrecht auf … Kreuzen Sie an.
- a Schutz der Familie ☐
- b Menschenwürde ☐
- c Asyl ☐
- d Meinungsfreiheit ☐

31 Welche Pflichten hat jeder Bürger? Kreuzen Sie an. (5 Lösungen)
- a Man muss die demokratische Ordnung respektieren. ☐
- b Man muss Steuern bezahlen. ☐
- c Jeder deutsche Staatsbürger muss ab dem 16. Lebensjahr einen Personalausweis besitzen. ☐
- d Kinder müssen zur Schule gehen. ☐
- e Man muss gegen Krankheit versichert sein. ☐
- f Frauen müssen Militärdienst oder Ersatzdienst leisten. ☐

1 Politik in der Demokratie — Basiswissen

32 Was darf man nicht? Kreuzen Sie an. (4 Lösungen)
a seinen Ehepartner schlagen ☐
b Menschen foltern ☐
c die Regierung kritisieren ☐
d politische Demonstrationen organisieren ☐
e einen Menschen wegen seiner Rasse benachteiligen ☐
f Selbstjustiz üben ☐

33 Was passt? Ordnen Sie zu.
1 Gleichberechtigung
2 Recht auf freie Meinungsäußerung
3 Versammlungsfreiheit
4 Schulpflicht
5 Wehrpflicht
6 Religionsfreiheit

a Männer müssen zur Bundeswehr oder Zivildienst leisten.
b Jeder darf nach seiner Religion leben.
c Man darf frei seine Meinung sagen.
d Männer und Frauen haben die gleichen Rechte.
e Kinder müssen zur Schule gehen.
f Alle Bürger können ohne Anmeldung oder Erlaubnis zusammenkommen.

1	2	3	4	5	6
d					

34 Silbentausch: Hier sind die Silben durcheinander gekommen.
Korrigieren Sie. (Sie finden diese Wörter in den Kapiteln „Gewaltenteilung", „Politische Einflussnahme" und „Rechtsstaat Deutschland".)
a VER/HEIT/SAMM/FREI/LUNGS = _Versammlungsfreiheit_
b KA/VE/JU/TI/DI = _____
c GIS/LE/VE/LA/TI = _____
d GER/BÜR/INI/TIA/VEN/TI = _____
e AUS/RÄ/LÄN/DER/TE/BEI = _____
f MONS/DE/TRA/NEN/TIO = _____
g BE/TI/GUNG/GLEICH/RECH = _____

Rechtsprechung in der Bundesrepublik Deutschland

35 a Eine Zeitungsmeldung zum Thema „Rechtsprechung in der Bundesrepublik Deutschland"
Lesen Sie die Zeitungsmeldung.

7 Jahre Haft für Terroristen

München, 13. Januar – Der islamistische Terrorverdächtige Lokman Mohammed wurde gestern vom Oberlandesgericht München zu sieben Jahren Haft verurteilt. Der Prozess hatte sieben Monate gedauert.

Lokman war vor Jahren nach Deutschland gekommen und war einer der wichtigsten Männer der Terrorgruppe Ansar al-Islam, sammelte Geld für die Gruppe und unterstützte junge Selbstmordattentäter.

Der Prozess lief anders, als Lokman es erwartet hatte. Seine Anwälte besuchten ihn jede Woche im Gefängnis, seine Freunde nie. Im Prozess wurde er respektvoll behandelt: Der Richter machte Pausen, damit Lokman seine Gebete sprechen konnte. Im Ramadan, als Lokman ziemlich schwach war, fragte man ihn, wie es ihm gehe. Einmal sagte der Bundesanwalt: „Ich gehe davon aus, Sie lieben Ihr Land genauso wie ich meins." Lokman hat im Prozess den Rechtsstaat kennengelernt und seine Werte: klare Regeln, Korrektheit, Fairness.

Heute sieht er vieles anders, ist gegen den Terrorismus und für Toleranz: „Ich bin gegen Selbstmordattentate. Ich bin gegen jeden, der diese Attentate begeht."

Basiswissen — Politik in der Demokratie

35 b Übung zur oben stehenden Zeitungsmeldung. Ordnen Sie zu.

1 Lokman Mohammed wurde
2 Lokman unterstützte
3 Seine Anwälte besuchten ihn jede Woche,
4 Während des Prozesses wurde er
5 Heute weiß er, dass der Rechtsstaat
6 Er ist heute

a gegen den Terrorismus.
b seine Freunde dagegen nie.
c klare Regeln wie Korrektheit und Fairness hat.
d zu 7 Jahren Haft verurteilt.
e respektvoll behandelt.
f junge Selbstmordattentäter.

1	2	3	4	5	6
d					

36 Welche Gerichte sind zuständig? Ordnen Sie zu.

1 Das Amtsgericht
2 Das Arbeitsgericht
3 Das Bundesverfassungsgericht
4 Das Finanzgericht
5 Das Sozialgericht
6 Das Verwaltungsgericht

a bei Problemen mit Steuern
b bei Problemen mit Ämtern
c bei Streit mit einer Sozialbehörde
d bei Strafsachen, Ehe- und Familienproblemen
e bei Problemen mit dem Arbeitgeber
f um zu überprüfen, ob ein Gesetz verfassungskonform ist

1	2	3	4	5	6
d					

37 Wo können Sie sich helfen lassen? Ordnen Sie zu.

1 Ihr Vermieter will schon wieder die Miete erhöhen.
2 Sie suchen Ratschläge zum Thema „Arbeit(slosigkeit)".
3 Sie haben Erziehungsprobleme mit Ihren Kindern.
4 Sie suchen Tipps, wie man Benzin sparen kann.
5 Ein Arbeitskollege hat Ihnen sein Auto verkauft, aber schon nach einer Woche ist der Motor kaputt. Ihr Kollege will Ihnen das Geld nicht zurückgeben.
6 Sie haben Probleme mit dem Ausfüllen Ihrer Steuererklärung.

a bei einem Automobilclub
b beim Mieterverein
c bei der Rechtshilfe
d beim Lohnsteuerhilfeverein
e beim Arbeitslosentreff
f bei der Familienberatung/beim Jugendamt

1	2	3	4	5	6
b					

1 Politik in der Demokratie — Basiswissen

Staatssymbole

38 Staatssymbole der Bundesrepublik Deutschland
Richtig oder falsch? Kreuzen Sie an.   richtig   falsch
a Das Bundeswappen zeigt einen schwarzen Adler mit roten Krallen   ☐   ☐
  auf goldenem oder gelbem Hintergrund.
b Die Nationalflagge hat die Farben Schwarz-Rot-Gold.   ☐   ☐
c Die deutsche Nationalhymne ist die 9. Symphonie von Ludwig van Beethoven.   ☐   ☐
d Die Hauptstadt der Bundesrepublik Deutschland ist Berlin.   ☐   ☐
e Der Nationalfeiertag der Bundesrepublik Deutschland ist der   ☐   ☐
  3. Oktober; am 3. Oktober 1990 wurde Deutschland wiedervereinigt.

39 Die Wappen der 16 Bundesländer
Ein Wappen ist falsch. Kreuzen Sie es an.

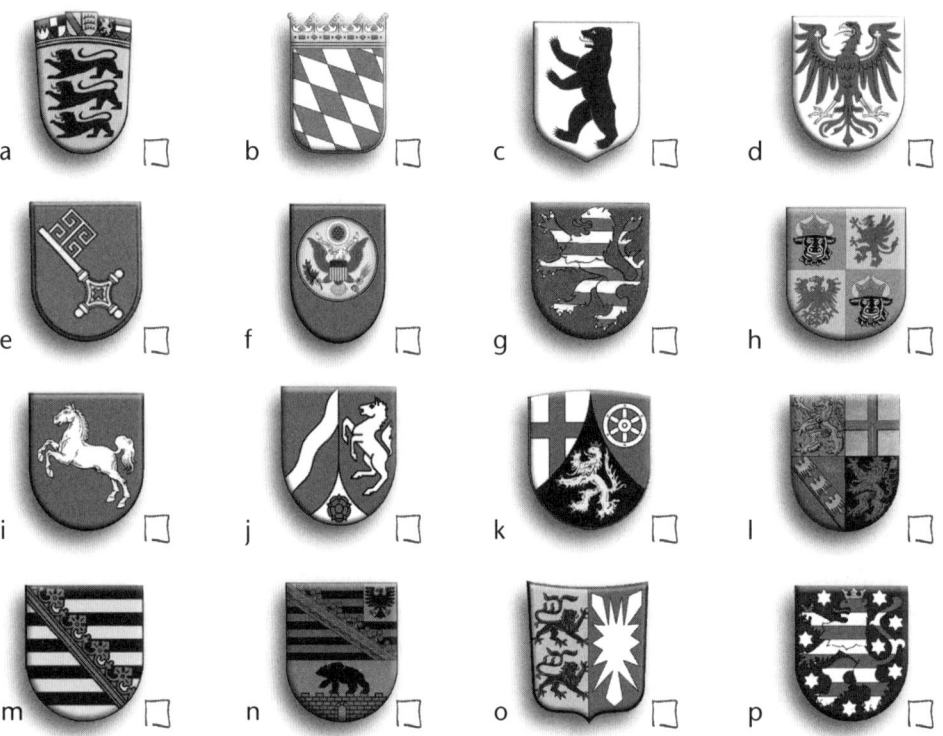

Sozialstaat Deutschland

40 Staatliche Organisationen
Wer hilft Ihnen? Ordnen Sie zu. Bei einer Organisation sind 2 Antworten möglich.

1 Agentur für Arbeit   a Sie wollen Kindergeld beantragen.
2 Familienkasse   b Sie haben Schulden und wissen nicht mehr, was Sie tun sollen.
3 Sozialamt   c Sie suchen eine Arbeitsstelle.
4 Wohnungsamt   d Sie möchten Wohngeld beantragen.
                            e Sie sind schwanger.
                            f Sie möchten sich über das Arbeitslosengeld informieren.

1	2	3	4
c f			

Basiswissen — Politik in der Demokratie

41 Nichtstaatliche Organisationen
Diese Organisationen helfen Ihnen bei vielen Problemen, die Sie in Übung 40 unter a–f finden. Kennen Sie ihre genauen Namen? Ergänzen Sie die Vokale.

Beispiel: AWO = Arbeiterw _o_ hlf _a_ hrt

a Caritas = Verband der k _ th _ l _ sch _ n K _ rch _
b Diakonie = Verband der _ v _ ng _ l _ sch _ n K _ rch _
c DPWV = Der Paritätische W _ hlf _ hrtsv _ rb _ nd
d ZWST = Zentralwohlfahrtsstelle der J _ d _ n in D _ _ tschl _ nd

42 Das Sozialversicherungssystem
Auf einem Gehaltszettel finden Sie u.a. mehrere Abkürzungen. Ordnen Sie zu.

1 KV-Beitrag   a Arbeitslosenversicherung
2 PV-Beitrag   b Krankenversicherung
3 RV-Beitrag   c Pflegeversicherung
4 AV-Beitrag   d Rentenversicherung

1	2	3	4
b			

43 a Sozialabgaben: Was wird vom Bruttoverdienst abgezogen?
Kreuzen Sie an. (5 Lösungen)

a Arbeitslosenversicherung ☐
b Kindergeld ☐
c Krankenversicherung ☐
d Transportkosten ☐
e Rentenversicherung ☐
f Lohnsteuer ☐
g Pflegeversicherung ☐

43 b Lesen Sie die Kurztexte und schreiben Sie das passende Wort aus 43a in die Texte.

a Die _____ ist die wichtigste finanzielle Unterstützung im Alter. Die Rente wird ab dem vollendeten 65. Lebensjahr ausgezahlt.

b Die _____ übernimmt die finanziellen Kosten, wenn man krank oder schwanger ist. Es gibt gesetzliche und private Versicherungen.

c Die _____ sichert den Menschen ein Einkommen, wenn sie arbeitslos sind und eine Arbeit suchen. Arbeitnehmer und Arbeitgeber zahlen je 1,4 % vom Bruttoverdienst in diese Versicherung.

d Die _____ deckt die Kosten, wenn man länger krank ist und ambulante oder stationäre Pflege braucht.

1 Politik in der Demokratie — Basiswissen

Soziale Marktwirtschaft

44 Arbeitsbedingungen früher und heute

44 a Früher
Ein Satz ist falsch. Kreuzen Sie ihn an.
- a Es gibt keinen Urlaub. ☐
- b Wenn man krank ist, bekommt man kein Geld vom Arbeitgeber. ☐
- c Die Menschen arbeiten meistens 38 Stunden in der Woche. ☐
- d Es gibt keine Arbeitsschutzregeln; es passieren viele Unfälle. ☐

44 b Heute
Ein Satz ist falsch. Kreuzen Sie ihn an.
- a Man hat das Recht auf Urlaub, meistens 30 Arbeitstage im Jahr. ☐
- b Man muss ca. 7,5 Stunden am Tag arbeiten. ☐
- c Wenn man krank ist, wird das Gehalt erst zu 100 %, später zum Teil weitergezahlt. ☐
- d Für alle Berufskategorien gibt es einen garantierten Mindestlohn. ☐

45 Aufgaben des Betriebsrats
Setzen Sie ein.

~~Arbeitnehmer~~ | sozialen | Sicherheit | informieren | gewählt

Der Betriebsrat vertritt die _Arbeitnehmer_ in einem Betrieb. Er wird von den Arbeitnehmern _____ . Zu seinen Aufgaben gehören u.a. Vorschläge im _____ Bereich, z.B. die Kantine und die _____ am Arbeitsplatz. Der Arbeitgeber muss den Betriebsrat bei Einstellungen oder Entlassungen _____ .

46 Was gehört nicht zu den Aufgaben des Betriebsrats? Kreuzen Sie an. (3 Lösungen)
- a Kontrolle der Arbeitnehmer ☐
- b Vertretung der Interessen der Arbeitnehmer ☐
- c Vorschläge zu sozialen Einrichtungen (z.B. zur Kantine) ☐
- d Kontrolle der Firmenstrategie ☐
- e Festlegung der Löhne und Gehälter ☐
- f Mitsprache bei Einstellungen und Entlassungen ☐

Basiswissen — Politik in der Demokratie

47 Arbeitgeberverbände und Gewerkschaften
Ordnen Sie zu.

1 Die Arbeitgeberverbände
2 Die Gewerkschaften
3 Tarifverhandlungen
4 Tarifverträge

a vertreten die Arbeitnehmer. Sie haben z.B. folgende Ziele: Arbeit für alle; genügend Lohn und Gehalt; Mibestimmung in den Betrieben.
b vertreten die Unternehmen einer Branche, z.B. der Textil- und Kunststoffindustrie.
c sind Verhandlungen zwischen Gewerkschaften und Arbeitgebern, z.B. über Löhne und Gehälter oder über die Arbeitszeiten.
d Hier stehen wichtige Informationen, z.B. über Löhne und Gehälter oder über die Arbeitszeiten.

1	2	3	4
b			

48 Arbeitswelt
Richtig oder falsch? Kreuzen Sie an.

a Wenn Sie Arbeit suchen, bekommen Sie Hilfe bei der Bundesagentur für Arbeit.
b Wenn Sie Probleme mit dem Arbeitgeber haben, hilft Ihnen der Arbeitgeberverband.
c Wenn Sie Ihr Arbeitsverhältnis bei Ihrem Arbeitgeber beenden wollen, müssen Sie die Kündigungsfrist beachten.
d Wenn der Arbeitgeber Ihnen zu Unrecht gekündigt hat, können Sie Kündigungsschutzklage erheben.
e Wenn Sie ein Restaurant eröffnen wollen, brauchen Sie eine Gaststättenerlaubnis von den zuständigen Behörden.
f Im Grundgesetz gibt es das Recht auf Arbeit.

49 Die „Väter" der Sozialen Marktwirtschaft
Setzen Sie ein.

Wirtschaftsprofessor | lenken | Ungerechtigkeiten | Ideen | Ludwig Erhard | frei

Die Wirtschaftsordnung in Deutschland ist die soziale Marktwirtschaft. Die soziale Marktwirtschaft wurde nach dem Zweiten Weltkrieg von dem _Wirtschaftsprofessor_ Alfred Müller-Armack und von _____, dem ersten deutschen Bundeswirtschaftsminister, entwickelt. Ihre _____ gelten im Wesentlichen bis heute. Der Staat soll die Wirtschaft nicht _____ . Die Firmen können _____ entscheiden, wie sie handeln. Aber es darf keine sozialen _____ geben.

ERHARD hält, was er verspricht: Wohlstand für alle durch die SOZIALE MARKTWIRTSCHAFT

1 Politik in der Demokratie

Erweitertes Wissen (ab Frage 51)

50 Was charakterisiert die soziale Marktwirtschaft?
Richtig oder falsch? Kreuzen Sie an.

		richtig	falsch
a	Die Wirtschaft wird vom Staat gelenkt.	☐	☐
b	Es gibt Gesetze zum Kündigungsschutz; ein Arbeitnehmer darf nicht plötzlich entlassen werden.	☐	☐
c	Es darf keine zu großen Firmengruppen geben, die dann die Preise diktieren, sodass kleine Firmen pleitegehen.	☐	☐
d	Die Arbeitgeber müssen jedem Arbeitnehmer am Jahresende eine Prämie bezahlen.	☐	☐
e	Der Staat muss dafür sorgen, dass die Gesundheit der Arbeitnehmer geschützt ist.	☐	☐
f	Die soziale Marktwirtschaft soll die Schwachen schützen.	☐	☐

Bundeskanzler, Parteien und Wahlen

51 Deutsche Bundeskanzler
Ergänzen Sie ihre Namen.

- a Konrad Ad e n a u e r (Bundeskanzler von 1949 – 1963)
- b Ludwig Erh _ _ d (Bundeskanzler von 1963 – 1966)
- c Kurt Georg Kies _ _ _ _ r (Bundeskanzler von 1966 – 1969)
- d Willy Br _ _ _ t (Bundeskanzler von 1969 – 1974)
- e Helmut Sch _ _ _ t (Bundeskanzler von 1974 – 1982)
- f Helmut K _ _ l (Bundeskanzler von 1982 – 1998)
- g Gerhard Schr _ _ _ r (Bundeskanzler von 1998 – 2005)
- h Angela Me _ _ _ l (Bundeskanzlerin von 2005 –)

- _____ _____
- _____ _____

Erweitertes Wissen

Politik in der Demokratie

52 Wer wird „Kanzler der Deutschen Einheit" genannt? Kreuzen Sie an.
a Konrad Adenauer ☐   b Willy Brandt ☐   c Helmut Kohl ☐

53 Parteien: Gründungsjahre und wichtige Themen ihrer Politik
In der folgenden Tabelle sind ein Gründungsjahr und ein Themenblock falsch.
Kreuzen Sie diese Fehler an.

	CDU/CSU	SPD	Bündnis 90/ Die Grünen	FDP	DIE LINKE
Gründungsjahr	1945 ☐	2002 ☐	1993 ☐	1948 ☐	2007 ☐
Wichtige Themen	Ausbildung, soziale Marktwirtschaft ☐	Ausbildung, Arbeit ☐	Frieden, Naturschutz ☐	Diktatur des Proletariats, sozialistische Planwirtschaft ☐	Sozialismus, Chancengleichheit ☐

54 Wortschatz zum Thema „Wahlen"
In jeder Zeile (a – e) passt ein Wort nicht. Streichen Sie es durch.
a Wahl – Wähler – Wahllokal – ~~Wahlfach~~
b Stimme – Stimmzettel – Stimmung – Stimmrecht
c wählen – (ab)stimmen – seine Stimme geben – stimulieren
d Wahlkampf – Wahlheimat – Wahlalter – Wahlbezirk
e Parteien – Koalition – Opposition – Produktion

Gewaltenteilung und Rechtsprechung

55 Die Legislative
Setzen Sie ein.

> ~~Gesetz~~ | entscheiden | Bundesland | Aufgabe | Bundesrat

Das Wort „Legislative" kommt von dem lateinischen Wort „lex" = _Gesetz_____.
Die gesetzgebende Gewalt, die Legislative, ist in der Bundesrepublik Deutschland
_____ der Parlamente (Bundestag und Landtage). Die Bundesregierung
schlägt Gesetze vor. Im Bundestag _____ die Abgeordneten aller Parteien
darüber, ob der Vorschlag Gesetz wird oder nicht. Bei wichtigen Gesetzen entscheidet der
_____ mit. Auch die Landtage können Gesetze verabschieden, die aber
nur für das betreffende _____ gelten.

1 Politik in der Demokratie — Erweitertes Wissen

56 Die Exekutive
Setzen Sie ein.

> ~~ausführen~~ | Gesetze | halten | Bundesregierung | Exekutive

Das Wort „Exekutive" kommt von dem lateinischen Wort „exsequi" = _ausführen_.
Die ausführende Gewalt, die _____, ist in der Bundesrepublik Deutschland
Aufgabe der _____, der Regierungen der Länder, aber auch der Bürgermeister,
der Stadtverwaltungen und der Polizei. Sie sorgen dafür, dass die _____ nicht
nur auf dem Papier stehen, sondern dass sich alle an die Gesetze _____ .

57 Die Judikative
Setzen Sie ein.

> ~~Recht~~ | Bundesverfassungsgericht | unabhängig | bestraft | Gesetz | Gerichte

Das Wort „Judikative" kommt von dem lateinischen Wort „ius" = _Recht_.
Die rechtsprechende Gewalt, die Judikative, ist in der Bundesrepublik Deutschland Aufgabe
der _____ . Wenn jemand gegen ein Gesetz handelt, wird er
_____ . Wenn die Politiker im Bundestag oder in den Landtagen
ein _____ machen, das gegen die Verfassung verstößt, kann dieses Gesetz
vom _____ verboten werden.
Die Richter sind _____ : Niemand (auch die Regierung nicht) kann sie zu
einem Urteil zwingen, das sie nicht richtig finden.

58 Rechtsprechung in der Bundesrepublik Deutschland
Setzen Sie ein.

> Rechtsanwalt | Strafmaß | ~~Prozess~~ | Staatsangehörigen | Schöffen | Richters

Es kommt zu einem _Prozess_, wenn jemand eine Straftat begangen hat und
angeklagt wird. Der Angeklagte wird von einem _____ beraten und vor Gericht
vertreten. Die Aufgabe des _____ im Prozess ist es, das Urteil zu sprechen. Bei
manchen Prozessen setzen ehrenamtliche Richter, die sogenannten _____ ,
zusammen mit dem Richter das _____ fest. Schöffe können alle deutschen
_____ werden, die älter als 24 und jünger als 70 Jahre sind.

Erweitertes Wissen — Politik in der Demokratie

59 Kreuzworträtsel zu Legislative, Exekutive und Judikative

Ä = AE; Ü = UE

Die Buchstaben in den grauen Feldern ergeben das Lösungswort, das Sie alle seit Langem kennen.

waagerecht:
1. Es kann Gesetze verbieten, wenn sie gegen die Verfassung verstoßen.
2. Sie schlägt Gesetze vor.
3. Hier wird Recht gesprochen.
4. Deutsche Übersetzung des lateinischen Wortes „ius"
5. Er entscheidet in einem Bundesland, ob ein Vorschlag Gesetz wird.
6. Er entscheidet bei wichtigen Gesetzen mit.

senkrecht:
1. Die Richter in Deutschland sind ...
2. Deutsche Übersetzung des lateinischen Wortes „lex"
3. Deutsche Übersetzung des lateinischen Wortes „exsequi"
4. Ein Gesetz ... (= ein Gesetz beschließen)
5. Er entscheidet, ob ein Vorschlag Gesetz wird.

Lösungswort: D _ _ _ _ _ _ _ _ _ _

1 Politik in der Demokratie — Erweitertes Wissen

Wirtschaft und Gewerkschaften

60 Die wichtigsten Exportgüter der Bundesrepublik Deutschland sind ...
Kreuzen Sie an. (6 Lösungen)

a Kraftfahrzeuge ☐
b Maschinen ☐
c Chemische Erzeugnisse ☐
d Metallerzeugnisse ☐
e Medizintechnik ☐
f Informationstechnik ☐
g Milchprodukte ☐
h Obst ☐

61 Gewerkschaften
Was bedeuten die Abkürzungen? Ordnen Sie zu.

1 DGB

a Gewerkschaft Erziehung und Wissenschaft. Diese Gewerkschaft vertritt die Interessen der Pädagogen an Schulen und Universitäten; sie hat ca. 250 000 Mitglieder.

2 GEW

b Vereinte Dienstleistungsgewerkschaft. Diese Gewerkschaft vertritt die Interessen der Arbeitnehmer aus dem Bereich Dienstleistungen (z.B. Post, Bahn, Krankenhäuser, ...); sie hat ca. 2,4 Millionen Mitglieder.

3 IG Metall

c Deutscher Gewerkschaftsbund. Er ist die Dachorganisation der Gewerkschaften in Deutschland; er hat ca. 6,5 Millionen Mitglieder.

4 ver.di

d Industriegewerkschaft Metall. Diese Gewerkschaft vertritt die Interessen der Arbeitnehmer aus der Metall-, Textil- und Kunststoffindustrie; sie hat ca. 2,3 Millionen Mitglieder.

1	2	3	4
c			

Geschichte und Verantwortung

Basiswissen

Nationalsozialismus und der Zweite Weltkrieg

1 Nationalsozialismus, 1933 – 1945
Setzen Sie ein.

> Weltwirtschaftskrise I Millionen I Macht I oppositionellen I
> Weltkrieg I demokratische I Verfolgung

Die große Not aufgrund der _Weltwirtschaftskrise_ und das fehlende Vertrauen der Menschen in das _____ System der Weimarer Republik erleichtern den Aufstieg des Nationalsozialismus. Am 30. Januar 1933 ergreift Adolf Hitler die _____ . In den folgenden Monaten schaltet er nach und nach alle _____ Kräfte aus. Bereits 1933 beginnt auch die _____ der Juden. 1939 beginnt Hitler den Zweiten _____ , der mehr als 5 Jahre dauert und ca. 60 _____ Menschen das Leben kostet.

2 Wichtige Daten aus der Zeit des Nationalsozialismus
Fehlersuche: 2 Ereignisse sind vertauscht worden. Welche? Kreuzen Sie an.

- a 30.01.1933: Hitler wird Reichskanzler. ☐
- b 12.03.1938: Anschluss Österreichs ☐
- c 09.11.1938: „Reichskristallnacht" (Jüdische Geschäfte und Synagogen werden von Nationalsozialisten zerstört.) ☐
- d 01.09.1939: Landung der Alliierten in der Normandie ☐
- e 22.06.1941: Hitlerdeutschland beginnt den Krieg gegen die Sowjetunion. ☐
- f 06.06.1944: Beginn des Zweiten Weltkrieges ☐
- g 20.07.1944: Offiziere um Claus Schenk Graf von Stauffenberg verüben ein Attentat auf Hitler. ☐
- h 08.05.1945: Bedingungslose Kapitulation Deutschlands; der Zweite Weltkrieg ist beendet. ☐

3 Das „Dritte Reich" der Nationalsozialisten war eine ...
Kreuzen Sie an.
a Monarchie ☐   b Sozialistische Republik ☐   c Diktatur ☐   d Demokratie ☐

4 Was gab es in Deutschland während der Zeit des Nationalsozialismus nicht?
Kreuzen Sie an. (3 Lösungen)
a Meinungsfreiheit ☐   b staatlichen Rassismus ☐
c Verfolgung der oppositionellen Kräfte ☐   d freie Wahlen ☐
e Pressezensur ☐   f allgemeine Religionsfreiheit ☐

Geschichte und Verantwortung — Basiswissen

5 Verbrechen des Nationalsozialismus
Setzen Sie ein.

> Konzentrationslager | ~~Verfolgung~~ | Krieg | hingerichtet | unmenschlich | Attentäter

a Bereits 1933 beginnt die _Verfolgung_ der Juden. Bis zum Ende des Krieges werden mehr als 6 Millionen von ihnen ermordet. Die Ermordung der Juden wird „Holocaust" genannt.

b Politische Gegner werden systematisch verfolgt und oft in _____ eingeliefert.

c Die Lebensbedingungen in den Konzentrationslagern sind _____ .
Die Gefangenen müssen hart arbeiten und viele sterben an Hunger und Krankheiten.

d Mehrere Attentate werden auf Hitler verübt. Die _____ und ihre Helfer werden fast ausnahmslos hingerichtet – insgesamt fast 200.

e Widerstandsgruppen wie „Die Weiße Rose" werden verfolgt und fast alle Mitglieder werden _____ .

f Der von Hitlerdeutschland begonnene Zweite Weltkrieg stürzt die Welt in den schrecklichsten _____ der Geschichte mit ca. 60 Millionen Opfern.

6 Opfer des Nationalsozialismus
Setzen Sie die Namen unter die Fotos.

~~Sophie und Hans~~ Scholl (Mitglieder der Widerstandsgruppe „Die Weiße Rose")
Anne Frank (jüdisches Mädchen, bekannt durch das „Tagebuch der Anne Frank")
Claus Schenk Graf von Stauffenberg (Offizier, der am 20. Juli 1944 das Bombenattentat auf Hitler beging)
Dietrich Bonhoeffer (evangelischer Pfarrer, der zum Widerstand gegen den Nationalsozialismus aufrief)
Carl von Ossietzky (Pazifist, Gegner des Nationalsozialismus)
Helmuth ~~James Graf~~ von Moltke (Jurist, Widerstandskämpfer gegen den Nationalsozialismus)

a _Sophie und Hans Scholl_   b _H. J. Graf von Moltke_   c _____

d _____   e _____   f _____

Basiswissen — Geschichte und Verantwortung

7 Politiker des „Dritten Reiches"
Setzen Sie die Namen unter die Fotos.

Adolf Hitler *(„Führer und Reichskanzler")*
Hermann Göring *(Oberbefehlshaber der Luftwaffe, Zweiter Mann im Dritten Reich)*
Joseph Goebbels *(Propagandaminister)*
Heinrich Himmler *(Reichsführer-SS)*
~~**Albert Speer**~~ *(Reichsminister für Rüstung und Kriegsproduktion)*
~~**Karl Dönitz**~~ *(Großadmiral und Hitlers Nachfolger)*

a _Karl Dönitz_   b _Albert Speer_   c _____

d _____   e _____   f _____

Von der Teilung bis zur Wiedervereinigung

8 Die Nachkriegsjahre 1945 – 1948
Setzen Sie ein.

> Besatzungszonen ▎ westlichen ▎ ~~Alliierten~~ ▎ Hauptstadt ▎ Heimat ▎ sowjetischen ▎ Flucht

Nach dem Ende des Krieges wird Deutschland von den _Alliierten_ (USA, Großbritannien, Frankreich und die Sowjetunion) besetzt. Sie teilen es in 4 _____ .
Die _____ Berlin wird in 4 Sektoren aufgeteilt.
Fast 14 Millionen Deutsche müssen ihre _____ in Ostpreußen, Schlesien und Pommern verlassen. Mindestens 600 000 von ihnen kommen auf der _____ um, ca. 8 Millionen finden in den 3 _____ Besatzungszonen eine neue Heimat, ca. 4 Millionen in der _____ Besatzungszone.

2 Geschichte und Verantwortung — Basiswissen

9 Die 4 Besatzungszonen
Setzen Sie die 3 fehlenden Namen der Besatzungsmächte ein.

Frankreich | Großbritannien | Sowjetunion | USA

a _____
b _____
c _Frankreich_
d _____

10 Kalter Krieg und Gründung der beiden deutschen Staaten
Setzen Sie ein.

Zukunft | Ende | stark | Einfluss | Sowjetunion | Demokratie | gegründet

Schon bald nach _Ende_ des Zweiten Weltkrieges vergrößern sich die Schwierigkeiten zwischen den westlichen Alliierten und der _____ . Sie können sich zum Beispiel nicht über die politische _____ Deutschlands einigen und so wird am 23. Mai 1949 die Bundesrepublik Deutschland _____ , eine parlamentarische _____ , die aber noch nicht ihre volle Souveränität hat und unter dem _____ der westlichen Alliierten steht.
Am 7. Oktober 1949 wird die DDR gegründet; ihre Politik wird _____ von der Sowjetunion beeinflusst.

11 a Die DDR, 1949 – 1990, I
Setzen Sie ein.

System | fliehen | Sozialistische | Mauer | Demonstrationen | östlichen | Unfreiheit

In der DDR ist die _Sozialistische_ Einheitspartei (SED) an der Macht; sie errichtet ein System der _____ und des Unrechts. Von 1949 bis zum 13. August 1961 (Bau der Mauer in Berlin) _____ ca. 2,7 Millionen DDR-Bürger in die Bundesrepublik.
Im Herbst 1989 beginnen in der DDR große _____ . Am 9. November fällt die _____ in Berlin und bald darauf bricht das politische _____ der DDR zusammen. Am 3. Oktober 1990 treten die heutigen fünf _____ Bundesländer der Bundesrepublik Deutschland bei.

Basiswissen — Geschichte und Verantwortung

11 b Die DDR, 1949 – 1990, II
Ordnen Sie zu.

1. „Eiserner Vorhang"
2. „Stasi"
3. 17. Juni 1953
4. „Montagsdemonstrationen"
5. „Die Wende"

a Im Herbst 1989 verändert sich die DDR politisch von einer Diktatur zu einer Demokratie.
b Demonstrationen gegen das DDR-Regime, die im Herbst 1989 meist an Montagen stattfanden
c Ideologische, aber auch reelle Grenze zwischen den Ländern des „Warschauer Paktes" und den westlichen Ländern. In Berlin zeigte sich diese Grenze besonders deutlich.
d Kurzform für „Ministerium für **Sta**at**si**cherheit", der Geheimdienst der DDR
e Volksaufstand in Ostberlin und anderen Städten der DDR

1	2	3	4	5
c				

12 Probleme nach der Wiedervereinigung
Richtig oder falsch? Kreuzen Sie an.   richtig   falsch

a Die Arbeitslosigkeit in Ostdeutschland ist doppelt so hoch wie in Westdeutschland. ☐ ☐
b Die Löhne und Renten in Ostdeutschland sind niedriger als in Westdeutschland. ☐ ☐
c Die Ostdeutschen dürfen bei Bundestagswahlen noch nicht mitwählen. ☐ ☐
d Die Ostdeutschen finden die Westdeutschen arrogant. ☐ ☐
e Die Westdeutschen beklagen sich darüber, dass die Wiedervereinigung sehr viel Geld kostet. ☐ ☐
f Fast alle Ostdeutschen wünschen sich die alte DDR zurück. ☐ ☐

13 Deutschland, 1948 – Mitte der Achtzigerjahre
Was passt? Setzen Sie „BR Deutschland", „DDR" oder „Berlin" ein.

a Von Juni 1948 bis Mai 1949 sperrt die Sowjetunion die Grenze nach West-_Berlin_____. Die westlichen Alliierten versorgen die Stadt in dieser Zeit über eine Luftbrücke.
b Vor allem dank des „Marshallplans" wächst die Wirtschaft in der _____ sehr schnell und schon Mitte der Fünfzigerjahre spricht man vom „Wirtschaftswunder".
c In der _____ dagegen wird die wirtschaftliche Entwicklung vom Staat bestimmt und der Wiederaufbau geht nur langsam voran.
d 1955 treten die beiden deutschen Staaten unterschiedlichen Militärbündnissen bei, die _____ der NATO und die _____ dem „Warschauer Pakt".
e 1961 beschließen die Ostblockstaaten, eine Mauer in _____ zu bauen, um den Flüchtlingsstrom aus der DDR in die BR Deutschland zu stoppen.
f Viele Studenten protestieren Ende der Sechzigerjahre in der _____ gegen die Konsumgesellschaft und autoritäre Gesellschaftsstrukturen.
g 1972 werden die sogenannten Ostverträge unterzeichnet, in denen die BR Deutschland die Grenzen zur _____ und zu Polen anerkennt.
h Der Umweltschutz wird in den Siebzigerjahren in der _____ zu einem wichtigen politischen Thema. 1980 wird die Partei „Die Grünen" gegründet, die schnell an Bedeutung gewinnt und 1985 zum ersten Mal in eine Länderregierung einzieht.

2 Geschichte und Verantwortung — Basiswissen

14 Wichtige Daten zwischen 1949 und 1990
Ordnen Sie die Jahreszahlen zu.

1945–1949 | 1949 | ~~1970~~ | 1989 | 1990 | 1990

1 Mit seinem Kniefall im ehemaligen jüdischen Ghetto in Warschau bittet Willy Brandt Polen und die polnischen Juden um Vergebung. _1970_
2 Die ersten gesamtdeutschen Wahlen finden statt. _____
3 Verhandlungen gegen deutsche Kriegsverbrecher in Nürnberg _____
4 Seit diesem Jahr hat die Bundesrepublik Deutschland ihre Grenzen von heute. _____
5 Seit diesem Jahr gibt es das Grundgesetz der Bundesrepublik Deutschland. _____
6 Die Mauer in Berlin fällt. _____

15 Kreuzworträtsel: Deutschland zwischen 1945 und 1990
Ä = AE; Ü = UE
In der grau unterlegten senkrechten Spalte finden Sie das Lösungswort, das den schnellen Wiederaufbau der deutschen Wirtschaft in den 50er-Jahren bezeichnet.

1 Eine der 4 Besatzungsmächte
2 Die USA, die Sowjetunion, Großbritannien und Frankreich im Zweiten Weltkrieg: die …
3 Der Marshallplan erlaubte den schnellen … der Wirtschaft in der BR Deutschland.
4 Verträge, die die deutsche Regierung unter W. Brandt mit mehreren Ostblockstaaten abschloss.
5 1968 protestierten viele Studenten gegen die … .
6 Die Staaten des Warschauer Paktes
7 Eiserner …
8 Abkürzung für „Nordatlantischer Verteidigungspakt"
9 Am 17. Juni 1953 gab es in der DDR einen …
10 Von den Alliierten besetzte Zone
11 Geheimdienst der DDR
12 So nannte man die beiden großen Kriege im 20. Jahrhundert.
13 Von Juni 1948 bis Mai 1949 wurde West-Berlin über eine … versorgt.
14 Zeit der politischen Veränderung in der DDR im Herbst 1989
15 Verfassung der Bundesrepublik Deutschland
16 Es gab sie von 1961 bis 1989 in Berlin.
17 Sie fand am 3. Oktober 1990 statt.

Basiswissen — Geschichte und Verantwortung 2

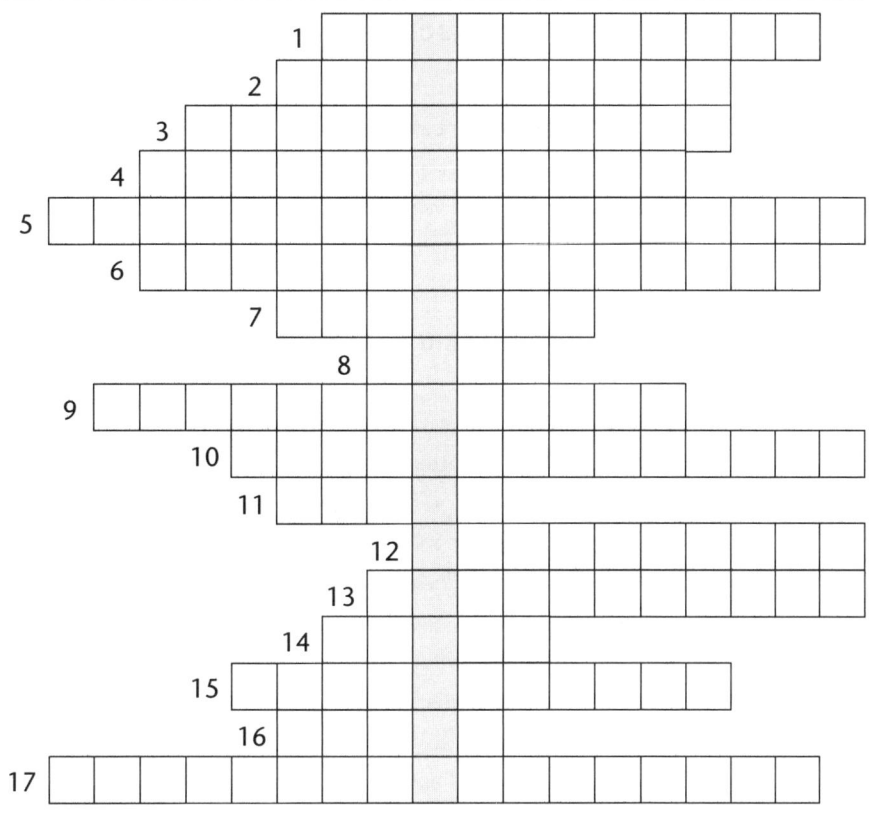

Lösungswort: _ _ _ _ _ _ _ _ _ _ _ _ _ _ _ _ _

16 Deutsche Politiker, 1945 – 2008
Setzen Sie die Namen unter die Fotos.

Konrad Adenauer *(1. Bundeskanzler von 1949 – 1963)*
Franz Josef Strauß *(führender Politiker der CSU)*
Willy Brandt *(Bundeskanzler von 1969 – 1974)*
Erich Honnecker *(Staatsratsvorsitzender der DDR von 1975 – 1989)*
Richard von Weizsäcker *(Bundespräsident von 1984 – 1994)*
Horst Köhler *(Bundespräsident von 2004 –)*

a *Richard von Weizsäcker*   b *Franz Josef Strauß*   c _____

d _____   e _____   f _____

2 Geschichte und Verantwortung — Basiswissen

Die Geschichte der Migration nach Deutschland

17 Was heißt „Migration"? Kreuzen Sie an.

a Die Menschen reisen als Touristen durch mehrere Länder. ☐
b Die Menschen verlassen ihre Heimat und ziehen in ein anderes Land. ☐
c Die Menschen haben keinen festen Wohnsitz und wechseln ständig das Land oder die Stadt. ☐

18 Die Geschichte der Migration nach Deutschland: Informationen
Lesen Sie den folgenden Text.

> Im 17. und 18. Jahrhundert kommen fast 50 000 Hugenotten nach Deutschland, die in Frankreich verfolgt wurden. Die meisten von ihnen finden in Brandenburg eine neue Heimat.
> Im 19. Jahrhundert kommt fast eine halbe Million Polen ins Ruhrgebiet. Sie arbeiten dort vor allem im Bergbau. Polnische Namen wie Kowalski oder Koslowski findet man heute oft im Ruhrgebiet.
> In den letzten Kriegsmonaten des Zweiten Weltkriegs fliehen viele Menschen aus Ostpreußen, Pommern und Schlesien oder werden nach dem Krieg aus diesen ehemaligen deutschen Ostgebieten vertrieben. Rund 12 Millionen „Vertriebene" finden auf dem Gebiet der heutigen Bundesrepublik Deutschland eine neue Heimat.
> Zwischen 1955 und 1973 kommen viele „Gastarbeiter" aus den Mittelmeerländern nach Deutschland, die meisten aus der Türkei. Heute leben ca. 1,8 Millionen Türken in Deutschland.
> Auch die DDR hat ihre „Gastarbeiter". Sie kommen ab 1980 vor allem aus Vietnam, Mosambik und Angola.
> Die Gruppe der politischen Flüchtlinge, die sogenannten „Asylbewerber", kommt vor allem in den 80er- und 90er-Jahren nach Deutschland.
> In den 90er-Jahren wandern sogenannte „Kontingentflüchtlinge" nach Deutschland ein, d.h. Menschen jüdischen Glaubens aus Russland oder der Ukraine.
> Zwischen 1990 und 2000 kommen mehr als 2 Millionen „Spätaussiedler" nach Deutschland. Bei Spätaussiedlern handelt es sich um Deutsche, die vor allem in der ehemaligen Sowjetunion gelebt hatten.

19 Die Geschichte der Migration nach Deutschland: Übung
Wenn Sie den oben stehenden Text aufmerksam gelesen haben, werden Sie mit der folgenden Übung keine Schwierigkeiten haben.
Wer kommt wann nach Deutschland? Setzen Sie ein.

> Kontingentflüchtlinge | Polen | Vertriebene | Spätaussiedler | Asylbewerber | ~~Hugenotten~~ | Gastarbeiter aus den Mittelmeerländern | Gastarbeiter aus Vietnam, Mosambik und Angola

a Im 17. und 18. Jahrhundert: _Hugenotten_
b Im 19. Jahrhundert: _____
c Nach dem Ende des Zweiten Weltkrieges: _____
d Zwischen 1955 und 1973: _____
e Ab 1980: _____
f In den 80er- und 90er-Jahren: _____
g In den 90er-Jahren: _____
h Zwischen 1990 und 2000: _____

Basiswissen — Geschichte und Verantwortung 2

Die Europäische Union (EU)

20 a Informationen über die EU, I
Richtig oder falsch? Kreuzen Sie an.   richtig   falsch
a Frieden und Sicherheit in Europa gehören zu den wichtigsten Zielen der EU. ☐ ☐
b Unter „Europäischer Integration" versteht man den Zusammenschluss europäischer Staaten zur EU. ☐ ☐
c Ein EU-Bürger kann ohne Reisepass oder Visum in die EU-Länder reisen. ☐ ☐
d Ein EU-Bürger kann ohne Aufenthalts- und Arbeitserlaubnis in den EU-Ländern leben und arbeiten. ☐ ☐
e Seit 2007 gibt es die europäische Währungsunion mit dem Euro. ☐ ☐

20 b Informationen über die EU, II
Richtig oder falsch? Kreuzen Sie an.   richtig   falsch
a In den EU-Ländern leben ca. 490 Millionen Menschen. ☐ ☐
b Im Jahre 2007 hat die EU 18 Mitgliedsstaaten. ☐ ☐
c Arbeitsorte des EU-Parlaments sind Straßburg, Luxemburg und Brüssel. ☐ ☐
d Das EU-Parlament wird alle 4 Jahre gewählt. ☐ ☐
e Der Europäische Rat und die Europäische Kommission haben ihren Sitz in Brüssel. ☐ ☐

21 Die Mitgliedsstaaten der Europäischen Union
Tragen Sie die fehlenden Ländernamen auf der Karte ein.

Belgien, ~~Bulgarien~~, Dänemark, Deutschland, ~~Estland~~, Finnland, Frankreich, ~~Griechenland~~, Großbritannien, Irland, Italien, ~~Lettland~~, Litauen, Luxemburg, Malta, ~~Niederlande~~, Österreich, Polen, ~~Portugal~~, Rumänien, Schweden, ~~Slowakei~~, Slowenien, Spanien, ~~Tschechien~~, Ungarn, Zypern

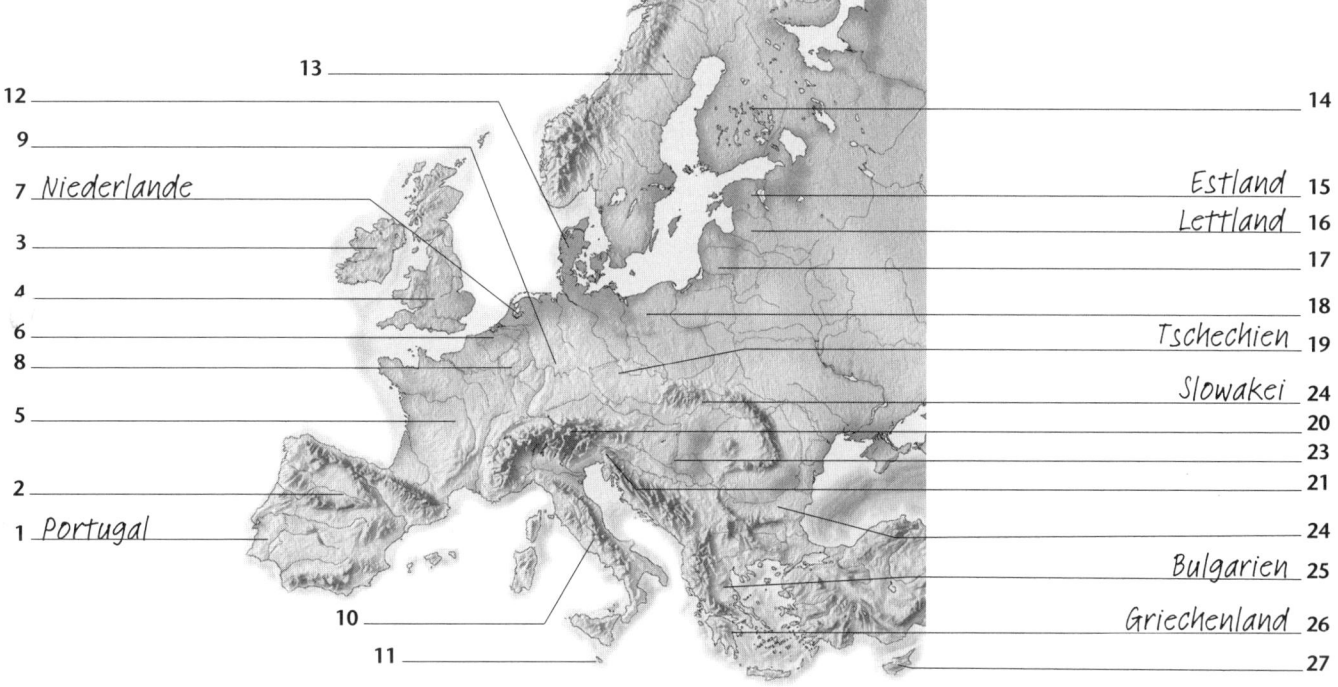

1 Portugal
2 _____
3 _____
4 _____
5 _____
6 _____
7 Niederlande
8 _____
9 _____
10 _____
11 _____
12 _____
13 _____
14 _____
15 Estland
16 Lettland
17 _____
18 _____
19 Tschechien
20 _____
21 _____
23 _____
24 Slowakei
24 _____
25 Bulgarien
26 Griechenland
27 _____

2 Geschichte und Verantwortung — Erweitertes Wissen

Von der Weimarer Republik bis zum Zweiten Weltkrieg

22 Weimarer Republik, 1919 – 1933

Ordnen Sie zu.

1 Am 9. November 1918 wurde
2 Von 1918 bis 1923 gab es immer wieder
3 Die „Goldenen Zwanziger" (1924 – 1928) waren eine Zeit
4 Die Weltwirtschaftskrise (1929) und der Aufstieg des Nationalsozialismus
5 1932 gab es in Deutschland

a politische und wirtschaftliche Krisen.
b ca. 5,5 Millionen Arbeitslose.
c die Weimarer Republik ausgerufen.
d politischer und wirtschaftlicher Stabilisierung.
e stürzten die Weimarer Republik in den Untergang.

1	2	3	4	5
c				

23 Nationalsozialismus: Der Zweite Weltkrieg, 1939 – 1945

Setzen Sie ein.

~~Kriegserklärung~~ | Rückzug | Sowjetunion | kapitulierte | Japan | Stalingrad

Am 1. September 1939 griff die deutsche Wehrmacht Polen ohne vorherige _Kriegserklärung_ an; der Zweite Weltkrieg begann. Am 22. Juni 1941 überfiel die Wehrmacht die _____ . Deutschland führte einen Zweifrontenkrieg, im Westen und im Osten.

Ende 1941 traten die USA in den Krieg ein, zunächst gegen _____ , dann auch gegen Deutschland.

Die Kapitulation der 6. Armee unter Generalfeldmarschall Paulus am 2. Februar 1943 in _____ markierte einen psychologischen Wendepunkt im Krieg. Im Spätsommer 1943 begann die Wehrmacht an der ganzen Front den _____ .

Am 30. April 1945 beging Adolf Hitler Selbstmord und am 8. Mai 1945 _____ Deutschland an allen Fronten – der Zweite Weltkrieg war zu Ende.

Erweitertes Wissen — **Geschichte und Verantwortung** — **2**

Deutschland nach dem Krieg

24 Die schwierige Nachkriegszeit (die „Stunde Null")
Ordnen Sie zu.

> a Lebensmittelkarten | b CARE | c Luftbrücke | d Schwarzmarkt | e Trümmerfrauen

1. Deutschland war stark zerstört. Da sehr viele Männer in Kriegsgefangenschaft oder tot waren, mussten die Frauen die Ruinen beseitigen.
2. Es gab nur wenig zu essen. Wer etwas hatte, was er nicht brauchte, versuchte, es gegen Essen zu tauschen. Allerdings war das illegal.
3. Ab 1946 schickte diese private amerikanische Hilfsorganisation viele Lebensmittelpakete nach Deutschland (und in andere europäische Länder) und half damit Millionen von Menschen im Kampf gegen den Hunger.
4. Lebensmittel waren rationiert und man konnte sie nur mit speziellen Karten kaufen.
5. Die Sowjetunion sperrte von Juni 1948 bis Mai 1949 alle Zufahrtswege nach West-Berlin. Amerikaner und Briten transportierten Essen und Kohle mit Flugzeugen nach West-Berlin.

1	2	3	4	5
e				

25 Deutschland nach dem Zweiten Weltkrieg: 1945 – 1949
Eine Jahreszahl ist falsch. Kreuzen Sie den Satz mit der falschen Jahreszahl an.

a Wie auf der Konferenz in Jalta im Februar 1945 beschlossen, wird Deutschland in vier Besatzungszonen und Berlin in 4 Sektoren aufgeteilt. ☐

b Ab dem 20.11.1945 müssen sich die Hauptkriegsverbrecher vor einem internationalen Militärtribunal in Nürnberg verantworten. ☐

c 1957 kündigen die USA einen Wiederaufbauplan für Europa an, den sogenannten Marshallplan. ☐

d Im Juni 1948 tritt die Währungsunion in Kraft. Zunächst können pro Person 40 Deutsche Mark (DM) gegen alte Reichsmark im Verhältnis 1:10 umgetauscht werden. ☐

e Am 23. Mai 1949 wird die Bundesrepublik Deutschland auf dem Gebiet der 3 westlichen Besatzungszonen gegründet, am 7. Oktober 1949 die Deutsche Demokratische Republik (DDR) auf dem Gebiet der sowjetischen Besatzungszone. ☐

26 Die 4 Sektoren in Berlin von 1945 – 1990
Setzen Sie die Namen der Besatzungsmächte ein.

> Frankreich | Großbritannien | Sowjetunion | USA

a _____
b _Großbritannien_
c _____
d _____

2 Geschichte und Verantwortung — Erweitertes Wissen

Die DDR und die Bundesrepublik Deutschland

27 Welche Parteien wurden 1946 zwangsweise zur SED vereint, der Einheitspartei der späteren DDR?

Kreuzen Sie an.

a KPD und CSU ☐
b KPD und SPD ☐
c SPD und CDU ☐

28 Im Jahr 1953 gab es in der DDR einen Aufstand, an den lange Zeit in der Bundesrepublik Deutschland ein Feiertag erinnerte. Wann war das?

Kreuzen Sie an.

a 01. Mai ☐
b 17. Juni ☐
c 20. Juli ☐

29 Am 3. Oktober feiert man in der Bundesrepublik Deutschland den Tag der Deutschen …

Kreuzen Sie an.

a Nation ☐
b Bundesländer ☐
c Einheit ☐

30 Welche Länder sind Nachbarländer der Bundesrepublik Deutschland?

Kreuzen Sie an. (9 Lösungen)

a Dänemark ☐
b Niederlande ☐
c Belgien ☐
d Luxemburg ☐
e Frankreich ☐
f Schweiz ☐
g Italien ☐
h Österreich ☐
i Ungarn ☐
j Bulgarien ☐
k Tschechien ☐
l Polen ☐

Erweitertes Wissen   **Geschichte und Verantwortung**   **2**

Die Europäische Union

31 Einige wichtige Daten. Ordnen Sie zu.

1 1957   a   Die europäische Währungsunion wird Realität.
2 1973   b   Bulgarien und Rumänien treten der EU bei, die jetzt 27 Mitgliedsstaaten hat.
3 1991   c   6 Staaten (Belgien, die Bundesrepublik Deutschland, Frankreich, Italien, Luxemburg und die Niederlande) unterschreiben die „Römischen Verträge" und gründen damit die Europäische Wirtschaftsgemeinschaft (EWG).
4 2002   d   Die EWG wird erweitert: Dänemark, Irland und Großbritannien treten bei.
5 2007   e   In Maastricht wird der „Vertrag über die Europäische Union" unterzeichnet.

– ____ – _____
– ____ – _____

1	2	3	4	5	6	7
c						

32 Einige wichtige Begriffe. Ordnen Sie zu.

> a Niederlassungsfreiheit | b europäische Einigung | c Eurozone | d Dienstleistungsfreiheit
> e die 4 Freiheiten des Binnenmarktes

1 Prozess der wirtschaftlichen und politischen Integration der europäischen Staaten
2 In den EU-Mitgliedsstaaten ist der freie Verkehr von Waren, Personen, Dienstleistungen und Kapital gewährleistet.
3 Eine der 4 Freiheiten des EU-Binnenmarktes: Sie bedeutet, dass jeder EU-Bürger in einem Staat der EU wohnen darf.
4 Eine der 4 Freiheiten des EU-Binnenmarktes: Sie bedeutet, dass ein Unternehmen eines EU-Mitgliedsstaates seine Dienstleistung in allen anderen Mitgliedsstaaten anbieten darf.
5 Staaten der EU, die den Euro als offizielle Währung eingeführt haben

1	2	3	4	5
b				

3 Mensch und Gesellschaft — Basiswissen

Das alles ist Deutschland

1 Schreiben Sie die Wörter unter die Fotos.

> Familienleben | Köln | Audi/BMW/Mercedes/VW | Lieblingssport der Deutschen |
> Verbotsschilder | Hochhäuser in Frankfurt a.M. | Haus mit Solaranlage | Begrüßung |
> Hausordnung | Hörsaal in einer Universität | Ostseebad Binz | Vater mit Sohn

a Audi/BMW/Mercedes/VW   b _____   c _____

d _____   e _____   f _____

g _____   h _____   i _____

j _____   k _____   l _____

Die deutsche Sprache

2 In welchen Ländern und Regionen ist die deutsche Sprache offizielle Amtssprache?
Kreuzen Sie an. (7 Lösungen)

a Deutschland ☐   d Niederlande ☐   g Schweden ☐
b Lichtenstein ☐   e Österreich ☐   h Schweiz ☐
c Luxemburg ☐   f Ostbelgien ☐   i Südtirol ☐

Basiswissen — Mensch und Gesellschaft 3

3 Sind das deutsche Dialekte? Kreuzen Sie an. (7 Lösungen)

- a Bairisch ☐
- b Berlinisch ☐
- c Bretonisch ☐
- d Hessisch ☐
- e Kölsch ☐
- f Plattdeutsch ☐
- g Romanisch ☐
- h Sächsisch ☐
- i Schwäbisch ☐

Regionale Spezialitäten

4 Aus welcher Stadt/Gegend kommen die Spezialitäten? Ordnen Sie zu.

a Dresden | b Schwaben | c Rheinland | d Schleswig-Holstein | e München | f Nürnberg

1 Weißwürste   2 Christstollen   3 Lebkuchen   4 Spätzle
5 Rheinischer Sauerbraten   6 Labskaus

1	2	3	4	5	6
e					

5 Welche der folgenden Spezialitäten kommen aus Deutschland?
Kreuzen Sie an. (6 Lösungen)

- a Lübecker Marzipan ☐
- b Maultaschen ☐
- c Thüringer Klöße ☐
- d Frankfurter Würstchen ☐
- e Pizza ☐
- f Kassler ☐
- g Pfälzer Saumagen ☐
- h Döner ☐

Menschen in Deutschland

6 Ehe und Partnerschaft
Kreuzen Sie die richtigen Antworten an. (4 Lösungen)

- a Wenn man heiraten möchte, muss man die Eheschließung beim Standesamt anmelden. ☐
- b Man darf zur gleichen Zeit nur mit einem Partner/einer Partnerin verheiratet sein. ☐
- c Eine Frau und ein Mann können auf dem Standesamt heiraten, auch wenn sie unterschiedliche Religionen haben. ☐
- d Gleichgeschlechtliche Partner (2 Männer oder 2 Frauen) dürfen nicht zusammen leben. ☐
- e Brigitte (13) und Wolfgang (19) leben als Paar zusammen. Das ist illegal. ☐
- f Eine volljährige junge Frau (22) lebt mit ihrem Freund zusammen. Ihre Eltern haben das Recht, sie in die elterliche Wohnung zurückzuholen, wenn ihnen der Freund nicht gefällt. ☐

3 Mensch und Gesellschaft — Basiswissen

7 Scheidung
Kreuzen Sie die richtigen Antworten an. (4 Lösungen)

- a Mehr als ein Drittel der Ehen werden geschieden. ☐
- b Nur der Mann kann einen Antrag auf Ehescheidung stellen. ☐
- c Der Mann oder die Frau kann einen Antrag auf Ehescheidung stellen. ☐
- d Eine Frau, die sich scheiden lassen will, braucht die Erlaubnis ihrer Eltern. ☐
- e Wenn man sich scheiden lassen will, braucht man die Hilfe eines Anwalts. ☐
- f Wenn die Ehepartner sich scheiden lassen wollen, müssen sie mindestens ein Jahr getrennt ihr eigenes Leben führen („Trennungsjahr"). ☐

8 Lebensformen
Ordnen Sie zu.

> a traditionelle Familie | b Großfamilie | c binationale Familie | d in Partnerschaft lebend | e alleinerziehend | f gleichgeschlechtliche Lebenspartnerschaft | g ~~Single-Haushalt~~ | h Patchwork-Familie

1 Person, die allein in ihrer Wohnung lebt
2 Zwei Frauen oder zwei Männer, die als Paar zusammenleben
3 Ehepaar mit Kind(ern)
4 Frau und Mann waren schon einmal verheiratet und bringen ihre Kinder in die neue Familie mit.
5 Die beiden Ehepartner haben verschiedene Nationalitäten.
6 Mütter oder Väter, die ihr Kind allein (ohne Lebenspartner) erziehen
7 Familie mit mehr als zwei Generationen oder mit mindestens drei Kindern
8 Paar, das unverheiratet zusammenlebt

1	g
2	
3	
4	
5	
6	
7	
8	

9 a Kindererziehung, I
Setzen Sie ein.

> ~~Aufgabe~~ | Jugendamt | volljährig | Elternzeit | Toleranz | Elterngeld

Die Kindererziehung ist vor allem _Aufgabe_ der Eltern. Sie erziehen ihre Kinder, bis sie _____ sind, d.h. bis zum 18. Lebensjahr. Wichtige Ziele sind die Erziehung zu _____ und Respekt.

Bei Problemen mit der Erziehung ihrer Kinder können die Eltern Hilfe vom _____ bekommen. Finanzielle Hilfe des Staates können die Eltern von neugeborenen Kindern in Form von _____ bekommen. Außerdem haben die sogenannten Erziehungsberechtigten (normalerweise die Eltern) auch das Recht auf _____ .

Basiswissen — Mensch und Gesellschaft 3

9 b Kindererziehung, II
Richtig oder falsch? Kreuzen Sie an.

	richtig	falsch
a Wenn man ein Kind schlägt, kann man dafür bestraft werden.	☐	☐
b Die Eltern bestimmen den Beruf ihrer Kinder.	☐	☐
c Das Jugendamt hat das Recht, ein Kind, das geschlagen wird oder hungern muss, aus der Familie zu nehmen.	☐	☐
d Jugendliche ab 14 Jahren sind strafmündig, d.h. sie werden bestraft, wenn sie gegen Gesetze verstoßen.	☐	☐
e Eltern verheiraten ihre Kinder.	☐	☐
f Wenn ein Jugendlicher Drogen nimmt, finden die Eltern Hilfe bei der Suchtberatungsstelle.	☐	☐

10 Älterwerden
Welche Möglichkeiten gibt es für ältere Menschen? Kreuzen Sie an. (5 Lösungen)

a Für ältere Menschen gibt es Altersheime/Seniorenheime. ☐
b Ältere Menschen können zu Hause wohnen. Wenn sie Hilfe brauchen, kann jemand zu ihnen nach Hause kommen. ☐
c Ältere Menschen können ihr Mittagessen nach Hause bestellen („Essen auf Rädern"). ☐
d Alten- und Servicezentren organisieren Freizeitangebote für ältere Menschen. ☐
e Wenn ältere Menschen nicht mehr selbst Auto fahren können, bezahlt ihnen der Staat Fahrten mit dem Taxi. ☐
f Auch als Rentner darf man an einer Universität studieren. ☐

Bildung als Aufgabe der Länder

11 a Das deutsche Schulsystem, I
Ergänzen Sie die fehlenden Informationen.

~~Gesamtschule~~ | Kindergarten | Gymnasium | Hauptschule | Grundschule | Krippe | ~~Realschule~~

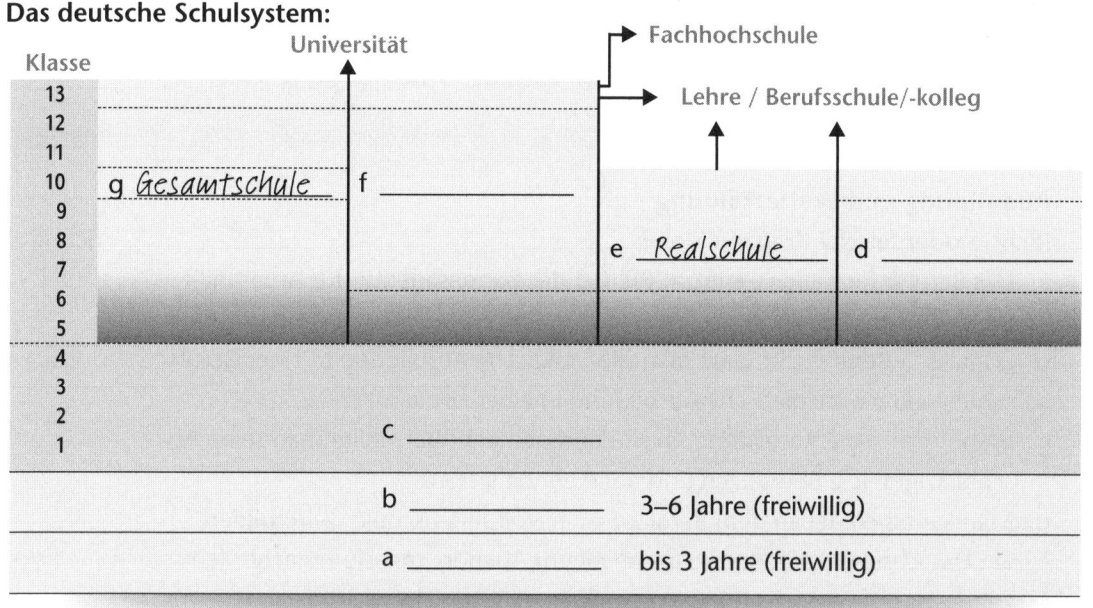

3 Mensch und Gesellschaft — Basiswissen

11 b Das deutsche Schulsystem, II
Richtig oder falsch? Kreuzen Sie an.   richtig   falsch
- a Alle Kinder ab 6 Jahren müssen in die Schule gehen.   ☐   ☐
- b Die privaten und manche kirchliche Schulen kosten Geld.   ☐   ☐
- c In den 16 Bundesländern ist das Schulsystem zentral geregelt.   ☐   ☐
- d Nach der Grundschule gibt es 4 Möglichkeiten: a) Hauptschule   ☐   ☐
     b) Realschule c) Gymnasium d) Gesamtschule
- e Unterricht ist immer am Vor- und am Nachmittag.   ☐   ☐
- f Die Schulferien in den 16 Bundesländern sind unterschiedlich.   ☐   ☐

11 c Das deutsche Schulsystem, III
Richtig oder falsch? Kreuzen Sie an.   richtig   falsch
- a Ein 4 Jahre altes Kind kann in den Kindergarten gehen.   ☐   ☐
- b Die Kinder können alle Fächer in der Grundschule frei wählen.   ☐   ☐
- c In den Schulen ist Rauchen verboten.   ☐   ☐
- d Wenn ein Kind Probleme in der Schule hat, kann es sich an den   ☐   ☐
     Vertrauenslehrer wenden.
- e Die Teilnahme am katholischen bzw. evangelischen Religionsunter-   ☐   ☐
     richt ist obligatorisch.
- f Wenn ein Kind ohne Entschuldigung nicht zum Unterricht kommt,   ☐   ☐
     kann die Schule die Polizei zu den Eltern schicken (= „Schulpflicht").

12 Schulabschlüsse
Setzen Sie ein.

> Ausbildungsplatz | Universität | Abitur | Lehre | Hochschulreife

- a Mit einem Schulabschluss, z.B. dem Hauptschulabschluss, hat man eine gute Chance, einen _Ausbildungsplatz_ zu bekommen.
- b Mit einem Realschulabschluss kann man entweder eine _____ beginnen oder – wenn man gute Noten hat – aufs Gymnasium gehen, um das _____ zu machen.
- c Um Arzt zu werden, braucht man die allgemeine _____ (= Abitur).
- d Man braucht normalerweise Abitur, um nach der Schule direkt an einer _____ zu studieren.

13 Ausbildung und Weiterbildung
Richtig oder falsch? Kreuzen Sie an.   richtig   falsch
- a Das Berufsinformationszentrum BIZ bei der Bundesagentur für Arbeit hilft   ☐   ☐
     bei der Lehrstellensuche.
- b „Duales System" heißt, dass man die praktische Ausbildung in einer Berufs- ☐   ☐
     schule und die theoretische Ausbildung in einer Firma macht.
- c Wenn man seine Ausbildung im Ausland gemacht hat, sollte man seine Ab-   ☐   ☐
     schlusszeugnisse übersetzen und anerkennen lassen.
- d Man kann sich neben dem Beruf an einer Volkshochschule weiterbilden.   ☐   ☐
- e Ein Erwachsener kann das Abitur an einem Abendgymnasium nachholen.   ☐   ☐
- f Lebenslanges Lernen ist für den beruflichen Weg nicht wichtig.   ☐   ☐

Basiswissen — Mensch und Gesellschaft

14 Kreuzworträtsel: Ehe, Kindererziehung und Schule

Ä = AE; Ü = UE

In der grau unterlegten senkrechten Spalte finden Sie das Lösungswort, das die Person bezeichnet, an die sich ein Schüler wenden kann, wenn er Probleme in der Schule hat.

1. Wenn man heiraten will, muss man normalerweise … , d.h. mindestens 18 Jahre alt, sein.
2. Man muss die Eheschließung beim … anmelden.
3. In Deutschland dürfen gleichgeschlechtliche … (2 Frauen oder 2 Männer) als Paar zusammenleben.
4. Eine Großfamilie ist eine Familie mit mehr als 2 … oder mit mindestens 3 Kindern.
5. Wenn man sich scheiden lassen will, muss man das sogenannte … einhalten.
6. Man braucht einen … , wenn man sich scheiden lassen will.
7. Immer mehr Paare leben … zusammen.
8. Mutter oder Vater, die ihr Kind allein erziehen
9. So nennt man einen Zeitraum (maximal 3 Jahre) unbezahlter Freistellung von der Arbeit nach der Geburt eines Kindes.
10. Mit 14 Jahren ist ein Jugendlicher … , d.h. er wird bestraft, wenn er gegen ein Gesetz verstößt.
11. So nennt man einen jungen Menschen, der das 14., aber noch nicht das 18. Lebensjahr vollendet hat.
12. Bei Problemen mit der Erziehung ihrer Kinder können die Eltern Hilfe vom … bekommen.
13. Mit 6 Jahren kommen alle Kinder in die …
14. Einer der 4 Schultypen nach der Grundschule ist die …
15. In Deutschland haben die Schüler normalerweise nur am Vormittag …
16. Wenn man … will, braucht man das Abitur.

Lösungswort: _ _ _ _ _ _ _ _ _ _ _ _ _ _ _ _

3 Mensch und Gesellschaft — Basiswissen

Religiöse Vielfalt

15 Katholische und evangelische Kirche und der deutsche Staat
Setzen Sie ein.

> ~~getrennt~~ | Krankenhäuser | Religionsfreiheit | Religionsunterricht | Inhalte | öffentlichen

Kirche und Staat sind in Deutschland _getrennt_____, das Verhältnis zwischen beiden ist aber partnerschaftlich. Der Staat muss aber die _____ beachten, die durch das Grundgesetz geschützt ist. Der Staat darf also nicht über die _____ der Kirchen bestimmen.
Die katholische und die evangelische Kirche spielen eine große Rolle im _____ Leben. Sie sind z.B. Träger sozialer Einrichtungen wie _____ und Kindergärten.
In den staatlichen Schulen gibt es katholischen und evangelischen _____ .

16 Konfessionen in Deutschland
Richtig oder falsch? Kreuzen Sie an.

		richtig	falsch
a	Die meisten Menschen in Deutschland gehören dem Christentum an, das die europäische und deutsche Kultur geprägt hat.	☐	☐
b	Die katholische und die evangelische Glaubensgruppe haben je ca. 27 Millionen Mitglieder.	☐	☐
c	Die drittgrößte Konfession sind die Moslems mit ca. 3,2 Millionen Mitgliedern.	☐	☐
d	An vierter Stelle folgen die Juden mit ca. 2 Millionen Mitgliedern.	☐	☐
e	Wenn man Mitglied in der katholischen oder in der evangelischen Kirche ist, muss man Kirchensteuer bezahlen.	☐	☐
f	Hinduismus und Buddhismus sind in Deutschland verboten.	☐	☐

17 Feiertage bzw. Gedenktage
Notieren Sie „ch" für christliche bzw. „st" für staatliche Feiertage.
- a Neujahrstag (1. Januar) — _st_
- b Gedenktag an die Opfer des Nationalsozialismus (27. Januar) — ____
- c Ostern (beweglich, meist im April) — ____
- d Tag der Arbeit (1. Mai) — ____
- e Pfingsten (beweglich, Mai oder Juni) — ____
- f Tag der Deutschen Einheit (3. Oktober) — ____
- g Allerheiligen (1. November) — ____
- h 1. und 2. Weihnachtstag (25. und 26. Dezember) — ____

Basiswissen — Mensch und Gesellschaft 3

„Typisch" ...

18 **Was ist für Sie „typisch" deutsch, „typisch" französisch oder „typisch" ... ?**

Für diese Übung gibt es keine Lösungen im Lösungsschlüssel, weil es in jedem Land, in jeder Bevölkerungsgruppe, ja in jeder Familie unterschiedliche Verhaltensweisen und Gewohnheiten gibt. Wir hoffen, dass diese Übung Sie zum Nachdenken über Klischees anregt.
Ihre Antworten sind IHRE ganz individuellen Antworten! Setzen Sie die Antworten ein, die SIE Ihrer Erfahrung nach für richtig halten.

> arrogant I bescheiden I egoistisch I elegant I fleißig I fortschrittlich I freundlich I gastfreundlich I geizig I hilfsbereit I intelligent I langsam I ordnungsliebend I pünktlich I rückständig I tolerant I verschwenderisch I weltoffen I zurückhaltend I ... I ...

a Die Deutschen sind _____

b Die Norddeutschen sind _____

c Die Schwaben sind _____

d Die Bayern sind _____

e Die Türken sind _____

f Die Italiener sind _____

g Die Franzosen sind _____

h Die Russen sind _____

i Die Schotten sind _____

j Die Schweizer sind _____

k Die Amerikaner sind _____

l Die Menschen meiner Nationalität sind _____

19 **Was ist typisch für welches Land?**

Hier gilt das Gleiche wie bei Übung 18, Ihre Antworten sind also auch hier IHRE individuellen Antworten!

a Berge und Käse sind typisch für _____.

b Bier und Fußball sind typisch für _____.

c Rotwein und Liebe sind typisch für _____.

d Große Autos und dicke Menschen sind typisch für _____.

e Sonne und Meer sind typisch für _____.

f Regen und Nebel sind typisch für _____.

3 Mensch und Gesellschaft — Basiswissen

Kulturelle Orientierung – Verhalten und Regeln

20 a Wie verhält man sich?, I
Richtig oder falsch? Kreuzen Sie an. richtig falsch

a Zu einem Bewerbungsgespräch um 9.00 Uhr sollte man spätestens um 9.30 Uhr da sein. ☐ ☐

b Sie haben einen Termin beim Arbeitsamt und sind erkrankt. Sie erklären, dass Sie nicht kommen können und bitten um einen neuen Termin. ☐ ☐

c Wenn Sie sich gegen einen falschen Steuerbescheid wehren wollen, müssen Sie Einspruch einlegen. ☐ ☐

d Wenn Ihr gerade erst gekaufter Fernseher nicht funktioniert, können Sie ihn reklamieren. ☐ ☐

e Wenn Sie von Ihrem Ansprechpartner in einer Behörde schlecht behandelt werden, können Sie sich beim Behördenleiter beschweren. ☐ ☐

f Wenn Ihnen das Essen bei deutschen Freunden gut schmeckt, schmatzen Sie laut und sagen: „Es schmeckt mir wirklich sehr gut." ☐ ☐

20 b Wie verhält man sich?, II
Richtig oder falsch? Kreuzen Sie an. richtig falsch

a Wenn man in einen anderen Ort umzieht, muss man sich beim Einwohnermeldeamt anmelden. ☐ ☐

b In einem Mietshaus muss man die „Hausordnung" beachten (= Regeln, an die sich alle Bewohner halten müssen). ☐ ☐

c Wenn man einen Hund hat, muss man ihn in seiner Kommune (Stadt oder Dorf) anmelden und Steuern bezahlen. ☐ ☐

d Autofahren muss man in der Familie lernen. ☐ ☐

e Einen Brief, der an eine andere Person adressiert ist, darf man nicht öffnen, sonst verletzt man das Briefgeheimnis. ☐ ☐

f Wenn ich eine falsche Rechnung von einer Behörde bekomme, gehe ich mit der Rechnung zum Finanzamt. ☐ ☐

21 Einige Informationen zur deutschen Gesellschaft
Kreuzen Sie die richtigen Informationen an. (4 Lösungen)

a Für die meisten Einwohner ist der Schutz der Umwelt wichtig. ☐

b Seit 2007 ist das Rauchen in Restaurants wieder erlaubt. ☐

c Die beliebteste Sportart ist Fußball. ☐

d Wenn man in einer Mietwohnung wohnt, muss man nicht nur Miete, sondern auch Mietnebenkosten bezahlen (z.B. Wasser, Müll, Grundsteuer, …). ☐

e Zwei Erwachsene mit zwei Kindern, das ist die häufigste Haushaltsform. ☐

f Entwicklung der Bevölkerungszahl: Es werden weniger Kinder geboren. Auch durch Zuwanderung steigt die Zahl nicht. ☐

Basiswissen — Mensch und Gesellschaft 3

22 Diskriminierung

In Deutschland gilt der Grundsatz der Gleichbehandlung, d.h. niemand darf wegen einer Behinderung, seiner Hautfarbe oder seiner Religion benachteiligt werden.

Welche Aussagen sind Beispiele für Diskriminierung? Kreuzen Sie an. (4 Lösungen)

a Eine Frau mit dunkler Hautfarbe bekommt eine Arbeitsstelle an der Kasse eines Supermarktes nur deshalb nicht, weil sie eine dunkle Hautfarbe hat. ☐

b Eine Frau, die ein kleines Kind hat, bekommt eine Arbeitsstelle nur deshalb nicht, weil sie Mutter ist. ☐

c Ein Mann mit dunkler Hautfarbe bekommt eine Stelle als Kellner nur deshalb nicht, weil seine Deutschkenntnisse zu gering sind. ☐

d Ein Mann im Rollstuhl bekommt eine Arbeitsstelle nur deshalb nicht, weil er als Behinderter im Rollstuhl sitzt. ☐

e Eine Frau, die ein zweijähriges Kind hat, bekommt eine Arbeitsstelle nur deshalb nicht, weil sie keine Erfahrungen in diesem Beruf hat. ☐

f Ein Mann bekommt eine Arbeitsstelle nur deshalb nicht, weil er Moslem ist. ☐

23 Sprichwörter/Redewendungen und Verhaltensregeln

Was bedeuten die folgenden Sprichwörter und Redewendungen? Ordnen Sie zu.

Sprichwörter/Redewendungen:
1 In der Kürze liegt die Würze.
2 Ohne Fleiß kein Preis.
3 Der Ton macht die Musik.
4 Viele Köche verderben den Brei.
5 Ordnung ist das halbe Leben.
6 Morgen, morgen, nur nicht heute, sagen alle faulen Leute.

Bedeutung:
a Ordnung muss sein.
b Man sollte eine Arbeit nicht auf den nächsten Tag verschieben.
c Wenige Worte sagen mehr als viele (Worte).
d Nur wenn man viel arbeitet, hat man Erfolg.
e Es sollten nicht zu viele Leute an einem Projekt arbeiten.
f Es kommt nicht nur darauf an, was man sagt, sondern wie man es sagt.

1	2	3	4	5	6
c					

3 Mensch und Gesellschaft — Erweitertes Wissen

Einwohnerzahl von Deutschland und einigen seiner Nachbarländer

24 Ordnen Sie zu.

1 Deutschland
2 Österreich
3 Schweiz
4 Frankreich
5 Polen
6 Niederlande

a 16,5 Millionen
b 82,5 Millionen
c 38 Millionen
d 7,7 Millionen
e 8,3 Millionen
f 65 Millionen

1	2	3	4	5	6
b					

Die deutsche Gesellschaft mit einigen Zahlen

25 Kreuzen Sie die richtigen Antworten an. (6 Lösungen)

a Die durchschnittliche Geburtenzahl liegt bei 1,3 Kindern pro Frau.
b Ca. 40% der in den letzten Jahren geschlossenen Ehen werden wieder geschieden.
c Ca. 25% der Frauen sind berufstätig.
d Ca. 43% eines Jahrgangs legen das Abitur ab.
e Jeder vierte Deutsche ist über 60 Jahre alt.
f Mehr als 70% der 18-20-jährigen jungen Menschen leben noch bei ihren Eltern.
g In Deutschland leben heute ca. 15 Millionen Menschen mit Migrationshintergrund.

Migranten in Deutschland

26 Richtig oder falsch? Kreuzen Sie an.

		richtig	falsch
a	Die meisten Migranten kommen aus der Türkei.	☐	☐
b	In die DDR kamen vor allem Migranten aus Vietnam, Angola und Mosambik.	☐	☐
c	Ausländische Arbeitnehmer, die in den 50er- und 60er-Jahren nach Deutschland kamen, nannte man „Zeitarbeiter".	☐	☐
d	Die sogenannten „Kontingentflüchtlinge" sind Menschen jüdischen Glaubens aus Russland und der Ukraine.	☐	☐
e	Die ersten Gastarbeiter in Deutschland kamen aus Marokko.	☐	☐

Bräuche in Deutschland

27 Ordnen Sie zu.

1 Karneval
2 Ostern
3 Adventszeit
4 Weihnachten
5 Silvester

a Bunte Eier werden versteckt.
b Man schießt Raketen in die Luft.
c Man verkleidet sich mit Masken und Kostümen.
d Man stellt einen Adventskranz mit 4 Kerzen auf.
e Man schmückt einen Tannenbaum.

1	2	3	4	5
c				

Basiswissen — Geografie

Geografie Deutschlands im Überblick

1 Was ist richtig? Kreuzen Sie an. (6 Lösungen)

a Deutschland hat eine Fläche von ca. 357 100 km². ☐
b Deutschland liegt zwischen dem 47. und dem 55. Breitengrad. ☐
c Von Flensburg im Norden bis Oberstdorf im Süden sind es ca. 1500 km. ☐
d Von Aachen im Westen bis Görlitz im Osten sind es ca. 600 km. ☐
e Kein anderes Land Europas hat so viele Nachbarstaaten wie die Bundesrepublik Deutschland (= 9 Nachbarstaaten). ☐
f Ca. 30 % der Fläche Deutschlands ist von Wald bedeckt. ☐
g Deutschland gehört zur subtropischen Klimazone. ☐
h Die Bevölkerungsdichte liegt bei 230 Einwohnern pro km². ☐

Städte

2 Drei der folgenden deutschen Städte haben mehr als eine Million Einwohner. Welche? Setzen Sie ein.

> Frankfurt | Berlin | München | Dortmund | Hannover | Hamburg

a ca. 3,4 Millionen: _____

b ca. 1,8 Millionen: _____

c ca. 1,3 Millionen: _____

3 Welche Städte sind Hafenstädte? Kreuzen Sie an. (3 Lösungen)

a Bremerhaven ☐
b Düsseldorf ☐
c Hamburg ☐
d Rostock ☐

Flüsse und Seen

4 Richtig oder falsch? Kreuzen Sie an.

	richtig	falsch
a Die Donau mündet in die Ostsee.	☐	☐
b Der Rhein ist der längste Fluss Deutschlands.	☐	☐
c Die Elbe fließt durch Hamburg.	☐	☐
d Der Bodensee liegt in Süddeutschland.	☐	☐
e Die Oder fließt zwischen Deutschland und Frankreich.	☐	☐
f Der Wannsee liegt in Berlin.	☐	☐

Geografie

Basiswissen

5 Welche Flüsse fließen nicht in Deutschland? Kreuzen Sie an. (2 Lösungen)
- a Rhein ☐
- b Arno ☐
- c Main ☐
- d Seine ☐
- e Neckar ☐

6 Welcher See liegt nicht in Deutschland? Kreuzen Sie an.
- a Starnberger See ☐
- b Chiemsee ☐
- c Genfer See ☐

7 Buchstabensalat: Wie heißen die Flüsse richtig? Korrigieren Sie.
- a RESWE: _Weser_
- b HEINR _____
- c REDO _____
- d EBLE _____
- e ECKARN _____
- f NODAU _____
- g NAMI _____

Gebirge

8 Welches ist das höchste Gebirge Deutschlands? Kreuzen Sie an.
- a der Harz ☐
- b die Alpen ☐
- c das Erzgebirge ☐

9 Wo liegt der Schwarzwald? Kreuzen Sie an.
- a in Bayern ☐
- b in Thüringen ☐
- c in Baden-Württemberg ☐

Erweitertes Wissen — Geografie 4

Geografie Deutschlands im Überblick

10 Fahrt auf der Autobahn von Flensburg nach Garmisch-Partenkirchen
Setzen Sie ein.

~~geraden~~ | Flüsse | Norddeutsche Tiefland | kleinere | Wiesen
---

a Die erste Etappe führt uns nach Hannover. Die Fahrt geht auf langen, _geraden_ Strecken durch das _____, vorbei an großen Getreideflächen und _____, dazwischen vereinzelt Bauernhöfe und _____ Wälder. Und öfters überqueren wir kleinere _____ .

Harz | ändert | höchstem | Wäldern | Deutsche Mittelgebirge
---

b Südlich von Hannover _____ sich die Landschaft. Am Horizont erscheinen Berge, das _____, zunächst auf der linken Seite der _____ mit dem Brocken (1141 m) als _____ Berg. Dann nähern wir uns der Rhön, fahren durch Tunnels und überqueren Brücken, vorbei an _____, Wiesen und Feldern, aber auch vielen Dörfern und Städten.

Alpenvorland | überqueren | Hochgebirges | Mittelgebirgslandschaft | Main
---

c Bei Würzburg überqueren wir den _____, wir kommen jetzt nach Süddeutschland. Die Landschaft ist immer noch eine _____ . In der Nähe von Ulm _____ wir die Donau und kommen jetzt ins _____ . Die Landschaft ähnelt einem großen, welligen, grünen Teppich. Südlich von München sehen wir die Alpen und in Garmisch-Partenkirchen angelangt sind wir am Fuße des _____ .

4 Geografie — Erweitertes Wissen

Städte

11 Welche Städte liegen im Ruhrgebiet? Kreuzen Sie an. (4 Lösungen)

a Hamburg ☐   d Dortmund ☐
b Essen ☐   e Bremen ☐
c Oberhausen ☐   f Bochum ☐

12 An welchen Flüssen liegen die Städte? Setzen Sie ein.

Elbe | Elbe | Neckar | Rhein | Rhein | Main | Donau | Isar | Weser

a Dresden: _Elbe_
b Würzburg _____
c Köln _____
d Ulm _____
e Bremen _____
f Stuttgart _____
g München _____
h Hamburg _____
i Mannheim _____

13 Buchstabensalat: Wie heißen diese deutschen Städte richtig? Korrigieren Sie.

a GATTSTURT = _Stuttgart_
b BÜRNNERG _____
c MUCHOB _____
d BERGLHEIDE _____
e FRUTFRANK _____
f NOBN _____
g NESSE _____
h LUM _____
i BINLER _____

Berge/Gebirge

14 Die höchsten Berge

Kreuzen Sie die richtigen Antworten an. (6 Lösungen)

a Der höchste Berg im Harz ist der Brocken (1141m). ☐
b Der höchste Berg des Erzgebirges ist der Fichtelberg (1215m)*. ☐
c Der höchste Berg des Schwarzwaldes ist der Feldberg (1493m). ☐
d Der höchste Berg des Bayerischen Waldes ist der Große Arber (1456m). ☐
e Der höchste Berg der Allgäuer Alpen ist die Hochfrottspitze (2649m)*. ☐
f Der höchste Berg der Berchtesgadener Alpen ist der Watzmann (2713m)*. ☐
g Der höchste Berg des Wettersteingebirges und gleichzeitig von Deutschland ist die Wildspitze (3774m). ☐

*Es handelt sich um die höchsten Berge des deutschen Teils dieser Gebirge.

Erweitertes Wissen — Geografie 4

15 Welche Gebirge gehören zu Deutschland? Kreuzen Sie an. (3 Lösungen)
  a Schwarzwald ☐
  b Zillertaler Alpen ☐
  c Bayerische Voralpen ☐
  d Ötztaler Alpen ☐
  e Harz ☐

Inseln

16 Welche der folgenden Inseln ist keine deutsche Insel? Kreuzen Sie an.
  a Borkum ☐
  b Bornholm ☐
  c Helgoland ☐
  d Sylt ☐

17 Welche Insel ist die größte Deutschlands? Kreuzen Sie an.
  a Helgoland ☐
  b Rügen ☐
  c Usedom ☐

Flüsse, Seen, Berge, Nachbarländer, ...

18 Ein Wort passt nicht.
  In jeder Zeile (a – g) passt ein Wort nicht. Streichen Sie es durch.
  a Oder – ~~Bodensee~~ – Rhein – Elbe
  b Ostsee – Ammersee – Starnberger See – Müritzsee
  c Hamburg – Helgoland – Rügen – Usedom
  d Zugspitze – Feldberg – Brocken – Oder
  e Schwarzwald – Bayerischer Wald – Lüneburger Heide – Odenwald
  f Donau – Elbe – Harz – Mosel
  g Alpen – München – Erzgebirge – Fichtelgebirge

19 Ein kurzer Ausflug nach Österreich und in die Schweiz:
  Richtig oder falsch? Kreuzen Sie an.   richtig   falsch
  a Der höchste Berg Österreichs ist der Großglockner (3798m).   ☐   ☐
  b Der höchste Berg der Schweiz ist der Monte Rosa (4634m).   ☐   ☐
  c Die Elbe fließt durch Österreich.   ☐   ☐
  d Der Rhein entspringt in der Schweiz.   ☐   ☐
  e Der größte See Österreichs ist der Achensee.   ☐   ☐
  f Der größte See der Schweiz ist der Genfer See.   ☐   ☐

5 Berlin — Basiswissen

20 Seit wann ist Berlin die Hauptstadt der Bundesrepublik Deutschland? Kreuzen Sie an.
a seit 1949 ☐   b seit 1961 ☐   c seit 1990 ☐

21 Von wann bis wann gab es die Mauer in Berlin?
(Noch heute kann man Reste der Mauer sehen.) Kreuzen Sie an.
a 1949 – 1961 ☐   b 1953 – 1989 ☐   c 1961 – 1989 ☐

22 Wer sagte: „Ich bin ein Berliner"? Kreuzen Sie an.
a Winston Churchill ☐   b John F. Kennedy ☐   c Charles de Gaulle ☐

23 Die bekannteste Kirche Berlins ist die ... Kreuzen Sie an.
a Frauenkirche ☐   b Kaiser-Wilhelm-Gedächtniskirche ☐   c Paulskirche ☐

24 Die bekannteste Straße Berlins ist ... Kreuzen Sie an.
a die Königsallee ☐   b der Kurfürstendamm ☐   c die Kaiserallee ☐

25 Welcher See liegt in Berlin? Kreuzen Sie an.
a Wannsee ☐   b Bodensee ☐   c Starnberger See ☐

Erweitertes Wissen   Berlin   5

26 Richtig oder falsch? Kreuzen Sie an.   richtig   falsch
   a Berlin ist die drittgrößte deutsche Stadt.   ☐   ☐
   b Der Fernsehturm ist mit 368 m das höchste Bauwerk Deutschlands.   ☐   ☐
   c Die beiden Flüsse, die durch Berlin fließen, heißen Spree und Havel. ☐   ☐
   d Die Berliner sind in ganz Deutschland bekannt für ihren Humor.   ☐   ☐
   e Berlin wurde im Zweiten Weltkrieg nur wenig zerstört.   ☐   ☐
   f Zu Beginn des 20. Jahrhunderts war Berlin die größte Stadt Europas. ☐   ☐

27 Die Mauer in Berlin
   Die Mauer lag … Kreuzen Sie an.
   a zwischen West- und Ostberlin   ☐
   b um Westberlin herum   ☐
   c um Ostberlin herum   ☐

28 Welches Tier befindet sich im Wappen von Berlin? Kreuzen Sie an.
   a Adler   ☐
   b Bär   ☐
   c Löwe   ☐

29 Berliner Gebäude, Denkmäler, Straßen und Plätze
   Hier fehlen alle Vokale. Ergänzen Sie.
   a R _e_ _i_ c h s t _a_ g
   b Schl_ss Ch _rl _ tt _ nb _ rg
   c _ l _ x _ nd _ rpl _ tz
   d S _ _ g _ ss _ _ l _
   e K _ rf _ rst _ nd _ mm
   f B r _ nd _ nb _ rg _ r T _ r
   g O l _ mp _ _ st _ d _ _ n

30 In Berlin befindet sich eines der größten Kaufhäuser der Welt, das KaDeWe.
   Was heißt KaDeWe? Ergänzen Sie die Vokale.
   K _ _ f h _ _ s d _ s W _ st _ n s

31 Wann fanden die Olympischen Spiele in Berlin statt? Kreuzen Sie an.
   a 1936   ☐
   b 1972   ☐
   c 1984   ☐

6 Verkehr — Basiswissen

Straßenverkehr und Sicherheit

32 Geschwindigkeitsbegrenzungen
Richtig oder falsch? Kreuzen Sie an.
Die Geschwindigkeit ist begrenzt auf:

		richtig	falsch
a	50 km/h in Ortschaften	☐	☐
b	100 km/h auf Landstraßen	☐	☐
c	Auf Autobahnen ist die Geschwindigkeit zwar nicht begrenzt, es gibt aber die sogenannte Richtgeschwindigkeit von 130 km/h.	☐	☐

33 Wo liegt die Promillegrenze (X Promille Alkohol im Blut) für Verkehrsteilnehmer?
Kreuzen Sie an.
  a 0,0 Promille ☐   b 0,5 Promille ☐   c 0,8 Promille ☐

34 Autofahren muss man in Deutschland … Kreuzen Sie an. (1 Lösung)
  a in der Familie lernen. ☐   b sich selbst beibringen. ☐
  c in der Fahrschule lernen. ☐   d von Freunden/Freundinnen lernen. ☐

Autos in Deutschland

35 Das Auto, der „beste Freund" der Deutschen
Ordnen Sie zu.

1 Manche Ehepaare haben mehr Autos …   a keine Sache des Verstandes.
2 Deutschland ist das einzige Land der Welt, …   b „Auto".
3 Im Jahr 2008 haben die Deutschen …   c Wagen.
4 Autofahren – eine Sache des Herzens, …   d 3,1 Millionen neue Autos gekauft.
5 Liebe geht durch den …   e als Kinder.
6 Oft sagt man scherzhaft: Die ersten drei Wörter f in dem die Geschwindigkeit auf
  eines kleinen Kindes sind „Mama", „Papa" und …   Autobahnen nicht begrenzt ist.
                                                  (Es gibt allerdings die sogenannte
                                                  Richtgeschwindigkeit von 130 km/h.)

1	2	3	4	5	6
e					

36 Welche der folgenden Automarken ist keine deutsche Marke? Kreuzen Sie an.
  a Audi ☐   b BMW ☐   c Lada ☐   d Daimler ☐   e Porsche ☐   f VW ☐

37 Was heißt BMW? Kreuzen Sie an.
  a Bayerische Motorenwerke ☐   b Badische Motorenwerke ☐
  c Berliner Motorenwerke ☐

38 Was heißt VW? Kreuzen Sie an.
  a Vereinigte Werke ☐   b Volkswagen ☐   c Volkswerke ☐

Erweitertes Wissen — Verkehr 6

Kurzüberblick über: Schienenverkehr, Straßenverkehr, Schifffahrt und Luftfahrt in Deutschland

39 Setzen Sie ein.

> ~~Eisenbahn~~ | Fluggesellschaft | konstant | Güterverkehr | Straße | zunehmen

Die Deutsche Bahn (DB) ist Europas größtes _Eisenbahn_-Verkehrsunternehmen.
Auch wenn der Transport von Gütern seit Jahrzehnten zurückgeht, so bleibt doch der Transport von Personen _____ .
80% des gesamten Personenverkehrs erfolgt auf der _____, vor allem mit PKWs.
70% aller Güter werden per LKW transportiert. Diese Zahl wird in den kommenden Jahren noch _____.
Die Schifffahrt ist mit ca. 13% am Transport von Gütern beteiligt. Die größte deutsche _____, die Lufthansa, transportierte im Jahr 2007 56 Millionen Fluggäste.
Im _____ aber spielen Fluggesellschaften, im Vergleich zum LKW, keine wichtige Rolle.

Straßenverkehr und Sicherheit

40 „Ich muss bald zum TÜV!"
Was bedeutet dieser in Deutschland oft gehörte Satz? Kreuzen Sie an.

a Ich muss meine Augen überprüfen lassen. ☐
b Ich muss mein Auto technisch überprüfen lassen. ☐
c Ich muss meine Reaktionsfähigkeit überprüfen lassen. ☐

41 Tödliche Unfälle auf deutschen Straßen
1970 starben mehr als 21 000 Menschen auf deutschen Straßen, im Jahr 2008 waren es „nur" noch 4500.
Worauf ist dies zurückzuführen? Kreuzen Sie an. (5 Lösungen)

a auf die Herabsetzung der Promille-Grenze von 0,8 auf 0,5 im Jahr 2001 ☐
b auf die Einführung von Geschwindigkeitsbegrenzungen auf Landstraßen im Jahr 1972 ☐
c auf die Verbesserung der Sicherheit der Fahrzeuge ☐
d auf die Verbesserung des Straßennetzes ☐
e auf die ständig wachsende Zahl von Kraftfahrzeugen ☐
f auf Fortschritte in der Unfallmedizin ☐

6 Verkehr — Erweitertes Wissen

42 Sicherheitssysteme in Fahrzeugen
Was ist das? Ordnen Sie zu.

1 Airbag
2 ESP
3 ABS
4 Sicherheitsgurt
5 Knautschzonen

a System, das das Fahrzeug in kritischen Situationen stabilisiert.
b System, das verhindert, dass die Räder beim Bremsen blockieren.
c Zonen im Auto, die sich bei einer Kollision verformen und so Energie absorbieren.
d Luftsack, der die Insassen bei einer Kollision schützt.
e System, das die Insassen bei einer Kollision auf den Sitzen festhält.

1	2	3	4	5
d				

43 Welche der folgenden Firmen hat den Airbag erfunden? Kreuzen Sie an.
a Audi ☐   b Ferrari ☐   c Daimler-Benz ☐   d Porsche ☐   e Rolls-Royce ☐

Straßenverkehr und Umwelt

44 Die Abgasemissionen von Fahrzeugen – eine große Belastung für die Umwelt
Die Verschmutzung der Umwelt ist eines der großen Probleme unserer modernen Welt. In den letzten Jahren konnten die Abgasemissionen bei Kraftfahrzeugen leicht reduziert werden.
Worauf ist dies zurückzuführen? Kreuzen Sie an. (4 Lösungen)

a auf die Verbesserung der Motoren ☐
b auf die Verbesserung der Kraftstoffe ☐
c auf die bessere Einhaltung der Geschwindigkeitsbegrenzungen ☐
d auf schwerere Autos ☐
e auf die Einführung von Katalysatoren ☐
f auf die Einführung von Automodellen, die mit Solarenergie fahren ☐

45 Das Auto der Zukunft
Setzen Sie ein.

> umweltfreundlicher ∎ Energiequelle ∎ weniger ∎ automatisch ∎ Wasserstoff ∎ heutige

Das Auto der Zukunft wird sicherer, sparsamer und _umweltfreundlicher_ sein. Sicherer, weil es dank Infrarotlaser Hindernissen _____ ausweichen kann. Sparsamer, weil es 2-mal oder 3-mal _____ Kraftstoff verbrauchen wird als _____ Autos. Umweltfreundlicher, weil es wahrscheinlich mit _____ fahren wird. Vielleicht wird sich aber auch die umweltfreundlichste _____ durchsetzen, die Solarenergie.

Basiswissen — Medien

Kurzüberblick über die Medien in Deutschland

46 Ordnen Sie zu.

Grundgesetz | Fernsehen | Gewalt | Presse | Bürger | Verkaufszahlen

Das deutsche _Grundgesetz_ garantiert die Presse- und Meinungsfreiheit. So konnte sich die deutsche _____ schon vor Jahrzehnten zur „Vierten _____" (neben Legislative, Exekutive und Judikative) in der Bundesrepublik Deutschland entwickeln. Allerdings gehen die _____ vieler Zeitungen und Zeitschriften schon seit Jahren zurück, weil das _____ und die modernen Medien – vor allem das Internet – immer mehr Platz im Leben der _____ einnehmen.

Zeitungen

47 Tageszeitungen

Welche der folgenden Tageszeitungen kommen aus Deutschland?
Kreuzen Sie an. (3 Lösungen)
- a BILD ☐
- b Süddeutsche Zeitung ☐
- c Neue Zürcher Zeitung ☐
- d Frankfurter Allgemeine Zeitung ☐

48 Die größte deutsche Tageszeitung mit einer Auflage von ca. 3,5 Millionen ist ...
Kreuzen Sie an.
- a BILD ☐
- b Die Welt ☐
- c Frankfurter Rundschau ☐

Fernsehen

49 Welche der folgenden Fernsehsender sind deutsche Sender?
Kreuzen Sie an. (8 Lösungen)
- a ARD („Das Erste") ☐
- b ZDF ☐
- c RTL ☐
- d Sat1 ☐
- e Pro7 ☐
- f Kabel1 ☐
- g BBC ☐
- h VOX ☐
- i CNN ☐
- j DSF ☐

7 Medien

Erweitertes Wissen (ab Frage 51)

50 Die Dritten Fernsehprogramme („Die Dritten")

Die Dritten Fernsehprogramme sind regionale Programme. Sie bieten ein sogenanntes Vollprogramm (Information, Bildung, Kultur und Unterhaltung) mit hohem regionalen Informationsanteil. Sie können per Satellit in ganz Westeuropa und in Teilen Osteuropas empfangen werden.

Was heißen die Abkürzungen? Setzen Sie ein.

> ~~Bayerischer Rundfunk~~ | Saarländischer Rundfunk | ~~Norddeutscher Rundfunk~~ | Rundfunk Berlin-Brandenburg | Radio Bremen | ~~Westdeutscher Rundfunk~~ | Südwestrundfunk | Mitteldeutscher Rundfunk | ~~Hessischer Rundfunk~~

a BR   _Bayerischer Rundfunk_
b hr   _Hessischer Rundfunk_
c MDR _____
d NDR _Norddeutscher Rundfunk_
e RB   _____
f rbb _____
g SR   _____
h SWR _____
i WDR _Westdeutscher Rundfunk_

Zeitungen/Zeitschriften

51 Nachrichtenmagazine

Welche dieser Nachrichtenmagazine kommen aus Deutschland? Kreuzen Sie an. (2 Lösungen)
a Focus ☐   b profil ☐   c Der Spiegel ☐

52 Fachzeitschriften

Welche Themen werden in den folgenden Fachzeitschriften behandelt? Ordnen Sie zu.

1	ADACmotorwelt	a	Zeitschrift für Frauen
2	Alpin	b	Wirtschaftsmagazin
3	Bravo	c	Zeitschrift für Literatur
4	Brigitte	d	Programmzeitschrift
5	Capital	e	Zeitschrift für Jugendliche
6	Eulenspiegel	f	Filmzeitschrift
7	Kicker	g	Zeitschrift für Bergsteiger
8	Literaturen	h	Magazin zum Thema Auto
9	Moviestar	i	Sportmagazin (vor allem Fußball)
10	TV 14	j	satirische Zeitschrift

1	2	3	4	5	6	7	8	9	10
h									

Erweitertes Wissen **Medien** **7**

Fernsehen

53 **Öffentlich-rechtliche und private Fernsehsender**
Setzen Sie ein.

> ~~private~~ | Unterhaltungssendungen | Rundfunkgebühren | Information | Werbung | Vollprogramm

In Deutschland gibt es sowohl öffentlich-rechtliche als auch _private_ Fernsehsender. Die Öffentlich-Rechtlichen haben den gesetzlichen Auftrag, eine Mischung aus _____, Bildung, Kultur und Unterhaltung zu bieten. Sie sind unabhängig von Regierungen, Parteien und Interessensverbänden. Sie werden durch _____ und Werbung finanziert.
Die privaten Fernsehsender werden durch _____ finanziert. Viele dieser Sender bieten, ebenso wie die meisten öffentlich-rechtlichen, ein sogenanntes _____ (Information, Bildung, Kultur und Unterhaltung). Der Programmschwerpunkt der privaten Fernsehsender liegt auf _____ .

54 **Welche der folgenden Fernsehsender sind öffentlich-rechtliche, welche private?**
Ordnen Sie zu.

> ~~ARD~~ | RTL | Pro 7 | ZDF | Sat 1 | „Die Dritten" (BR, hr, MDR, etc.)

a öffentlich-rechtliche : _ARD_____ , _____ , _____
b private: _____ , _____ , _____

55 **Spartenprogramme**
Neben den Fernsehsendern mit Vollprogrammen gibt es auch Sender mit Spartenprogrammen, d.h. Sender, die sich auf ein spezielles Thema konzentrieren, z.B. auf Nachrichten. Um welche Themen geht es bei den folgenden Spartenprogrammen?
Ordnen Sie zu.

1 n-tv   a Sport
2 DSF   b Musikvideos, Starmagazine
3 KIKA   c Nachrichten
4 N 24   d Nachrichten
5 VIVA   e Sport in Deutschland
6 Eurosport   f Sendungen für Kinder

1	2	3	4	5	6
c					

7 Medien — Erweitertes Wissen

56 Bekannte Sendungen
Um welche Themen geht es hier? Ordnen Sie zu.

1 heute (ZDF) a Reportagen aus dem Ausland
2 Großstadtrevier (NDR) b Nachrichten
3 RTL Aktuell (RTL) c Nachrichten
4 Tatort (ARD) d Nachrichten
5 auslandsjournal (ZDF) e Quizsendung
6 TV total (Pro7) f Kriminalfilmserie
7 Wer wird Millionär? (RTL) g Polizeiserie
8 Tagesschau (ARD) h Show

1	2	3	4	5	6	7	8
b							

Mediennutzung

57 Weitere Medien
Mehr als 9 Stunden (550 Minuten) am Tag nutzen die Deutschen die verschiedenen Medien.
Ergänzen Sie die fehlenden Angaben.

220 Minuten | 44 Minuten | 28 Minuten

a Radio   _221_ Minuten
b Internet   _____ Minuten
c Zeitschriften _12_   Minuten
d Tageszeitungen _____ Minuten
e Bücher   _25_   Minuten
f Fernsehen   _____ Minuten

Kreuzworträtsel zu „Geografie", „Berlin", „Verkehr" und „Medien"

58 **Kreuzworträtsel** ß = SS, Ü = UE

In der grau unterlegten senkrechten Spalte finden Sie das Lösungswort, das ein Fahrzeug mit Motor bezeichnet.

1. Höchster Berg des Harzes
2. Höchster Berg des Schwarzwaldes
3. Zweitgrößte Stadt Deutschlands
4. Diese Großstadt liegt am Main.
5. Berlin ist die … der Bundesrepublik Deutschland.
6. Name der bekanntesten Straße in Berlin
7. Auf diesen Straßen beträgt die Richtgeschwindigkeit 130 km/h.
8. Zonen am Auto, die sich bei einer Kollision verformen und so Energie absorbieren
9. Auf diesen Straßen darf man nicht schneller als 100 km/h fahren.
10. Diese Zeitungen gibt es an 6 Tagen pro Woche.
11. Die Presse wird oft auch „die vierte …" genannt.
12. So heißt ein großes deutsches Nachrichtenmagazin.
13. Fernsehprogramm, das sich auf bestimmte Themen (z.B. Nachrichten) konzentriert

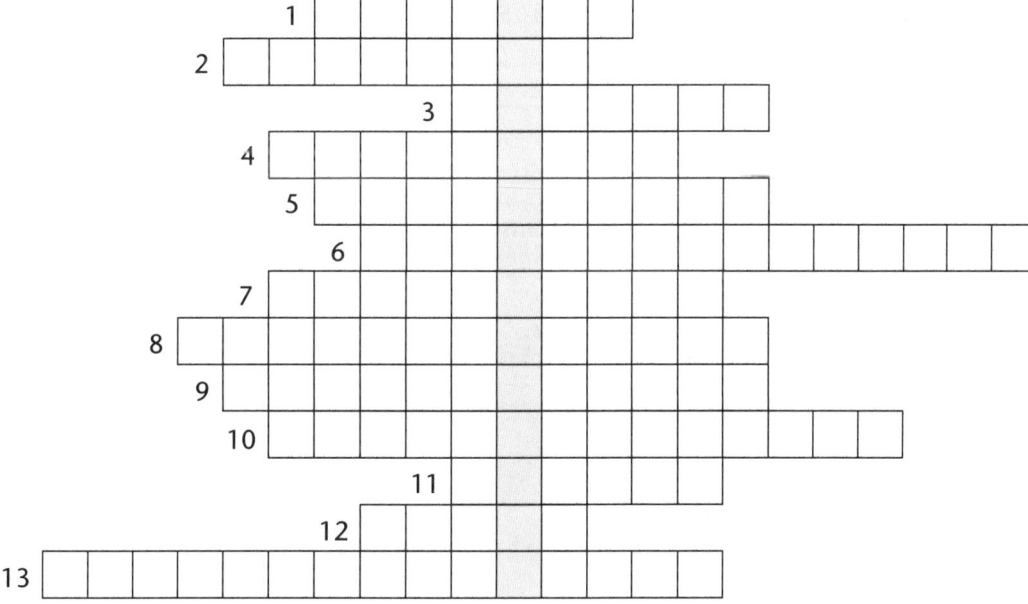

Lösungswort: _ _ _ _ _ _ _ _ _ _ _ _ _

8 Literatur — Basiswissen

59 Johann Wolfgang von Goethe (1749 – 1832) und Friedrich Schiller (1759 – 1805) sind die größten deutschen Dichter.
Wer hat was geschrieben?

> Maria Stuart | ~~Götz von Berlichingen~~ | Faust | ~~Die Räuber~~ | Die Leiden des jungen Werther | Wilhelm Tell

a J. W. von Goethe
Götz von Berlichingen

b Friedrich von Schiller
Die Räuber

60 „Wanderers Nachtlied" von Johann Wolfgang von Goethe
Setzen Sie die fehlenden Wörter ein.

> auch | ~~Gipfeln~~ | Hauch | spürest | Walde | Warte

Über allen _Gipfeln_ ist Ruh,
In allen Wipfeln _____ du
Kaum einen _____.
Die Vögelein schweigen im _____.
_____ nur, balde
Ruhest du ____.

61 Wie hießen die Brüder, die viele Märchen veröffentlichten? Kreuzen Sie an.
a Alexander und Wilhelm von Humboldt ☐
b Jakob und Wilhelm Grimm ☐
c Thomas und Heinrich Mann ☐

62 In welcher Stadt findet jährlich die größte Buchmesse der Welt statt?
Kreuzen Sie an.
a Frankfurt am Main ☐   b Leipzig ☐   c Hannover ☐

Erweitertes Wissen
(ab Frage 65)

Literatur 8

63 Suchen Sie den Eindringling.
In der folgenden Liste finden Sie 10 deutsche Nobelpreisträger. Neun von ihnen erhielten den Nobelpreis für Literatur, einer den Nobelpreis für Chemie.
Kreuzen Sie seinen Namen an.

a Theodor Mommsen, 1902 ☐
b Rudolf Eucken, 1908 ☐
c Paul Heyse, 1910 ☐
d Gerhart Hauptmann, 1912 ☐
e Thomas Mann, 1929 ☐
f Carl Bosch, 1931 ☐
g Hermann Hesse, 1946 ☐
h Nelly Sachs, 1966 ☐
i Heinrich Böll, 1972 ☐
j Günter Grass, 1999 ☐

64 Günter Grass ist zurzeit der bekannteste deutsche Schriftsteller.
Welches Buch ist nicht von ihm? Kreuzen Sie an.

a Die Blechtrommel ☐   b Der alte Mann und das Meer ☐   c Katz und Maus ☐

65 Deutsche Autoren des 18. Jahrhunderts
Wer hat was geschrieben? Ordnen Sie zu.

1 Gotthold Ephraim Lessing
2 Johann Wolfgang von Goethe
3 Friedrich Schiller
4 Friedrich Hölderlin

a Wilhelm Tell
b Nathan der Weise
c Die Leiden des jungen Werther
d Hyperion

1	2	3	4
b			

66 Berühmte Zitate von Johann Wolfgang von Goethe
Bringen Sie die Wörter in die richtige Reihenfolge.
Einige Wörter (vor allem das erste und das letzte) stehen bereits an der richtigen Stelle). Beispiel:

~~Nur~~ | Sehnsucht | ich | die | kennt, ~~weiß, was~~ | wer | ~~leide~~

Nur _wer die Sehnsucht_ kennt, weiß, was _ich_ leide.

a ~~Zwei~~ | ~~wohnen, ach!~~ | meiner | Seelen | in | ~~Brust~~

Zwei _____ wohnen, ach! _____ _____ Brust.

b ~~Mit~~ | wächst | der | dem | Wissen | ~~Zweifel~~

Mit _____ _____ _____ _____ Zweifel.

c ~~Wo~~ | ~~ist, ist~~ | viel | Licht | viel | auch | ~~Schatten~~

Wo _____ ist, ist _____ _____ Schatten.

d ~~Es~~ | der | er | Mensch, ~~solang~~ | irrt | ~~strebt~~

Es _____ _____ Mensch, solang _____ strebt.

8 Literatur — Erweitertes Wissen

67 Deutsche Autoren des 19. Jahrhunderts

Wer hat was geschrieben? Ordnen Sie zu.

1 Joseph von Eichendorff   a Effi Briest
2 Theodor Fontane   b Der Schimmelreiter
3 Heinrich Heine   c Deutschland. Ein Wintermärchen
4 Theodor Storm   d Aus dem Leben eines Taugenichts

1	2	3	4
d			

68 Deutsche Autoren des 20. Jahrhunderts

Wer hat was geschrieben? Ordnen Sie zu.

1 Heinrich Böll   a Die Blechtrommel
2 Günter Grass   b Die Buddenbrooks
3 Ernst Jünger   c In Stahlgewittern
4 Thomas Mann   d Die verlorene Ehre der Katharina Blum

1	2	3	4
d			

69 Deutschsprachige Autoren des 20. Jahrhunderts

Aus welchem Land kommen sie? Schreiben Sie das Land hinter den Namen.
(D = Deutschland; A = Österreich; CH = Schweiz)

Beispiel: Christa Wolf: D

a Thomas Bernhard ____
b Bertolt Brecht ____
c Friedrich Dürrenmatt ____
d Max Frisch ____
e Gerhart Hauptmann ____
f Elfriede Jelinek ____
g Erich Kästner ____
h Kurt Tucholsky ____

70 Welche Persönlichkeit ist/war kein(e) Schriftsteller(in)?

In jeder Zeile (a – g) ist ein Name falsch. Streichen Sie ihn durch.

a Heinrich Böll – ~~Otto Hahn~~ – Günter Grass
b Gerhart Hauptmann – Werner von Siemens – Bertolt Brecht
c Max Planck – Heinrich Mann – Franz Kafka
d Christa Wolf – Marlene Dietrich – Elfriede Jelinek
e Heinrich Heine – Theodor Fontane – Richard Wagner
f Robert Koch – Heinrich Mann – Theodor Storm
g Wernher von Braun – Erich Kästner – Thomas Mann

Erweitertes Wissen — Literatur 8

71 Wer ist das?
Setzen Sie die Namen ein.

> Bertolt Brecht | Johann Wolfgang von Goethe | Heinrich Heine | Elfriede Jelinek | Franz Kafka | Erich Maria Remarque | Friedrich Schiller | Günter Wallraff

a Er lebte zwischen 1749 und 1832. Er gilt als der größte deutsche Dichter. Eine der zentralen Figuren in seinem Hauptwerk heißt „Mephisto": *Johann Wolfgang von Goethe*

b Er lebte zwischen 1759 und 1805. In seinem wohl bekanntesten Theaterstück schießt der Held einen Apfel vom Kopf seines Sohnes: _____

c Er lebte zwischen 1797 und 1856. Die letzten 25 Jahre seines Lebens verbrachte er in Paris. Bekannt wurde er vor allem durch „Die Harzreise" und „Deutschland. Ein Wintermärchen": _____

d Dieser in Prag geborene deutschsprachige Autor lebte zwischen 1883 und 1924. Bekannt wurde er vor allem durch seine Romane „Der Prozess" und „Das Schloss": _____

e Er lebte zwischen 1898 und 1956. Er gab dem Theater des 20. Jahrhunderts neue Impulse durch Stücke wie „Die Dreigroschenoper" und „Mutter Courage und ihre Kinder": _____

f Er lebte zwischen 1898 und 1970. Trotz seines französischen Familiennamens ist dieser Autor Deutscher. Bekannt wurde er vor allem durch seinen Antikriegsroman „Im Westen nichts Neues": _____

g Er wurde 1942 geboren. Bekannt wurde er durch investigative sozial- bzw. medienkritische Reportagen über deutsche Großunternehmen und die größte deutsche Tageszeitung, die Bildzeitung: _____

h Diese 1946 geborene Autorin kommt aus Österreich. Zu ihren bekanntesten Werken gehört der Roman „Die Liebhaberinnen". Im Jahre 2004 erhielt sie den Literatur-Nobelpreis: _____

72 Streik der Vokale: Hier fehlen sowohl bei den Namen der Autoren als auch bei den Titeln ihrer Werke alle Vokale.
Ergänzen Sie.

a FR_I_E_DR_I_CH SCH_I_LL E R: W I LH_E_LM T_E_LL
b FR _ NZ K _ FK _ : D _ R PR _ Z _ SS
c G _ NT _ R GR _ SS: D _ _ BL _ CHTR _ MM _ L
d B _ RT _ LT BR _ CHT: D _ _ DR _ _GR _ SCH _ N _ P _ R
e _ RNST J _ NG _ R: _ N ST _ HLG _ W _ TT _ RN
f TH _ M _ S M _ NN: D _ _ B _ DD _ NBR _ _ KS
g H _ _ NR _ CH B _ LL: D _ _ V _ RL _ R _ N _ _HR _ D _ R K _TH _ R _ N _ BL _ M

9 Film, Musik und Malerei — Basiswissen

73 Welche Schauspieler sind deutsche Schauspieler? Kreuzen Sie an. (5 Lösungen)

a Romy Schneider ☐   b Hardy Krüger ☐   c Curd Jürgens ☐
d Klaus Kinski ☐   e Robert Redford ☐   f Franka Potente ☐

74 Welche Filme sind deutsche Filme? Kreuzen Sie an. (4 Lösungen)

a Der Baader Meinhof Komplex ☐
b Das Leben der Anderen ☐
c Harry Potter und der Orden des Phönix ☐
d Good Bye, Lenin! ☐
e Nirgendwo in Afrika ☐

75 Wer komponierte die Musik zur „Ode an die Freude" (Hymne der Europäischen Union)? Kreuzen Sie an.

a Ludwig van Beethoven (1770-1827) ☐
b Robert Schumann (1810-1856) ☐
c Richard Wagner (1813-1883) ☐

76 Welcher Maler ist kein deutscher Maler? Kreuzen Sie an.

a Albrecht Dürer (1471-1528) ☐
b Rembrandt (1606-1669) ☐
c Caspar David Friedrich (1774-1840) ☐
d Emil Nolde (1867-1956) ☐

77 Bekannte Schauspieler, Musiker und Maler: Wer ist wer?
Setzen Sie die Namen unter die Bilder.

Max Beckmann | Romy Schneider | Albrecht Dürer | Mario Adorf | Richard Wagner | Anne-Sophie Mutter

a Max Beckmann   b _____   c _____

d _____   e _____   f _____

Erweitertes Wissen — Film, Musik und Malerei

78 Regisseure und ihre Filme
Ordnen Sie zu.

1 Friedrich Wilhelm Murnau   a Die Blechtrommel
2 Fritz Lang   b Fitzcarraldo
3 Rainer Werner Fassbinder   c Paris, Texas
4 Werner Herzog   d M – Eine Stadt sucht einen Mörder
5 Volker Schlöndorff   e Nosferatu
6 Wim Wenders   f Lili Marleen

1	2	3	4	5	6
e					

79 In diesen Filmen geht es um … Ordnen Sie zu.

1 Lola rennt   a das Schicksal einer aus Deutschland emigrierten jüdischen Familie in Afrika
2 Good Bye, Lenin!   b Lola, die in 20 Minuten 100 000 Mark beschaffen muss
3 Nirgendwo in Afrika   c die Stasi-Zeit in der DDR
4 Das Leben der Anderen   d die Terroristen der Rote Armee Fraktion in den 70er-Jahren
5 Der Baader Meinhof Komplex   e den Zusammenbruch der DDR im Herbst 1989

1	2	3	4	5
b				

80 Wer hat was komponiert? Ordnen Sie zu.

1 Johann Sebastian Bach   a 9. Symphonie
2 Richard Wagner   b Brandenburgische Konzerte
3 Johannes Brahms   c Lohengrin
4 Ludwig van Beethoven   d Ein deutsches Requiem

1	2	3	4
b			

81 Wer hat die Musik zur deutschen Nationalhymne komponiert? Kreuzen Sie an.
  a Ludwig van Beethoven ☐   b Joseph Haydn ☐   c Johannes Brahms ☐

82 Von den folgenden Künstlern sind 2 Schauspieler, 2 Maler und 2 Komponisten.
Notieren Sie „S" für Schauspieler, „M" für Maler und „K" für Komponist.

  a Arnold Schönberg   K
  b Lucas Cranach   ___
  c Bruno Ganz   ___
  d Richard Strauss   ___
  e Emil Nolde   ___
  f Mario Adorf   ___

10 Bekannte Deutsche — Basiswissen

83 Die 10 bekanntesten Deutschen*
Richtig oder falsch? Kreuzen Sie an.

		richtig	falsch
a	Konrad Adenauer war Politiker.	☐	☐
b	Martin Luther war Biologe.	☐	☐
c	Karl Marx war Philosoph.	☐	☐
d	Sophie Scholl war Widerstandskämpferin gegen den Nationalsozialismus.	☐	☐
e	Willy Brandt war Politiker.	☐	☐
f	Johann Sebastian Bach war Komponist.	☐	☐
g	Johann Wolfgang von Goethe war Dichter.	☐	☐
h	Johannes Gutenberg war Chemiker.	☐	☐
i	Otto von Bismarck war Politiker.	☐	☐
j	Albert Einstein** war Physiker.	☐	☐

*Nach einer Umfrage („Wer sind die 100 größten Deutschen"), die das Zweite Deutsche Fernsehen (ZDF) im Jahr 2003 durchgeführt hat.

**Albert Einstein nahm 1940 die amerikanische Staatsbürgerschaft an.

84 Wer hat was entdeckt/erfunden? Ordnen Sie zu.

1 Johannes Gutenberg (1397 – 1468)   a Dieselmotor
2 Rudolf Diesel (1856 – 1913)   b Röntgenstrahlen
3 Carl Benz (1844 – 1929)   c Buchdruck
4 Wilhelm Conrad Röntgen (1845 – 1923)   d Fernsehen
5 Albert Einstein (1879 – 1955)   e Automobil
6 Manfred von Ardenne (1907 – 1997)   f Relativitätstheorie

1	2	3	4	5	6
c					

85 Bekannte Deutsche
Setzen Sie die Namen unter die Fotos.

Johannes Gutenberg | Karl Marx | Albert Einstein | Johann Sebastian Bach | Martin Luther | ~~Sophie Scholl~~

a Sophie Scholl   b _____   c _____

d _____   e _____   f _____

Erweitertes Wissen — Bekannte Deutsche 10

86 Welchen Beruf hatten/haben diese Deutschen? Setzen Sie ein.

> ~~Bundeskanzler~~ | Bundeskanzler | Philosophen | Schauspieler | Filmregisseure | Opernsänger | Komponisten | Physiker

a Konrad Adenauer / Helmut Kohl / Willy Brandt — _Bundeskanzler_
b Max Planck / Wilhelm Conrad Röntgen / Gustav Hertz — _____
c Volker Schlöndorff / Wim Wenders / Werner Herzog — _____
d Romy Schneider / Hardy Krüger / Horst Tappert („Derrick") — _____
e Ludwig van Beethoven / Johannes Brahms / Richard Wagner — _____
f Angela Merkel / Helmut Schmidt / Gerhard Schröder — _____
g Elisabeth Schwarzkopf / Dietrich Fischer-Dieskau / Hermann Prey — _____
h Immanuel Kant / Friedrich Nietzsche / Karl Jaspers — _____

87 Was passt? Setzen Sie ein.

> Biologe | Tennis | SPD | Sänger | Komponist | ~~Bundespräsident~~ | 20. Jahrhundert | 18. Jahrhundert

a Konrad Adenauer + Bundeskanzler   Richard von Weizsäcker + _Bundespräsident_
b Helmut Kohl + CDU   Gerhard Schröder + _____
c J. W. von Goethe + Dichter   Richard Wagner + _____
d Max Planck + Physiker   Robert Koch + _____
e Heinrich Böll + 20. Jahrhundert   Friedrich Schiller + _____
f J. W. von Goethe + 18. Jahrhundert   Bertolt Brecht + _____
g Max Beckmann + Maler   Dietrich Fischer-Dieskau + _____
h Franz Beckenbauer + Fußball   Steffi Graf + _____

88 Welcher Name fehlt hier? Setzen Sie ein.

> Gerhart Hauptmann | ~~Arthur Schopenhauer~~ | Franz Marc | Gottlieb Daimler | Heinrich Hertz | Robert Schumann | Ludwig Erhard | Franz Beckenbauer

a Friedrich Hegel – Immanuel Kant – Friedrich Nietzsche – _Arthur Schopenhauer_
b Franz Schubert – Johann Sebastian Bach – Richard Strauss – _____
c Paul Klee – Otto Dix – Emil Nolde – _____
d Angela Merkel – Helmut Schmidt – Willy Brandt – _____
e Albert Einstein – Max Planck – Philipp Reis – _____
f Theodor Storm – Hermann Hesse – Theodor Fontane – _____
g Rudolf Diesel – Carl Benz – Ferdinand Porsche – _____
h Boris Becker – Steffi Graf – Michael Schumacher – _____

10 Bekannte Deutsche — Erweitertes Wissen

89 Bekannte Deutsche

Setzen Sie die Namen unter die Bilder.

Robert Koch | ~~Carl Benz~~ | Wilhelm Conrad Röntgen | Immanuel Kant | Ludwig van Beethoven | Otto von Bismarck

a _Carl Benz_

b _____

c _____

d _____

e _____

f _____

Basiswissen — Sport

90 In welchen Sportarten waren die folgenden deutschen Sportler aktiv? Setzen Sie ein.

Boris Becker | Franz Beckenbauer | Michael Schumacher | Rosi Mittermaier | Jan Ullrich

- a Fußball _Franz Beckenbauer_
- b Formel I _____
- c Ski alpin _____
- d Radsport _____
- e Tennis _____

91 Wie oft war Michael Schumacher Weltmeister in der Formel I? Kreuzen Sie an.
 a einmal ☐   b viermal ☐   c siebenmal ☐

92 Wie oft war Deutschland Fußball-Weltmeister? Kreuzen Sie an.
 a einmal ☐   b dreimal ☐   c fünfmal ☐

93 Welcher der folgenden Bundesliga-Klubs war am häufigsten deutscher Fußballmeister (21-mal; Stand: 2009)? Kreuzen Sie an.
 a Hamburger Sportverein ☐   b Borussia Dortmund ☐   c Bayern München ☐

94 Wer ist wer? Setzen Sie die Namen unter die Fotos.

Rosi Mittermaier | Steffi Graf | Boris Becker | Franz Beckenbauer | Michael Schumacher | Katarina Witt

- a _Boris Becker_
- b _____
- c _____
- d _____
- e _____
- f _____

11 Sport — Erweitertes Wissen

95 Einer der folgenden 6 Sportler war kein Fußballspieler, sondern Radrennfahrer.
Kreuzen Sie seinen Namen an.
- a Franz Beckenbauer ☐
- b Gerd Müller ☐
- c Karl-Heinz Rummenigge ☐
- d Rudi Altig ☐
- e Oliver Kahn ☐
- f Uwe Seeler ☐

96 Welches große Tennisturnier hat Steffi Graf 7-mal gewonnen? Kreuzen Sie an.
- a US Open ☐
- b Rolland Garros ☐
- c Wimbledon ☐

97 Welches große Tennisturnier hat Boris Becker 3-mal gewonnen? Kreuzen Sie an.
- a Australian Open ☐
- b US Open ☐
- c Wimbledon ☐

98 Katarina Witt war 5-mal Weltmeisterin und 2-mal Olympiasiegerin im …
Kreuzen Sie an.
- a Eiskunstlaufen ☐
- b Eisschnelllaufen ☐
- c Biathlon ☐

99 Wer war die erfolgreichste deutsche Skiläuferin der Nachkriegszeit
(3-mal Olympiasiegerin, 2-mal Gesamtweltcup, 1-mal Weltmeisterin)? Kreuzen Sie an.
- a Katja Seizinger ☐
- b Rosi Mittermaier ☐
- c Martina Ertl ☐

100 Biathlon – eine der populärsten Wintersportarten in Deutschland
Welche Biathleten kommen aus Deutschland? Kreuzen Sie an. (4 Lösungen)
- a Magdalena Neuner ☐
- b Magdalena Forsberg ☐
- c Kati Wilhelm ☐
- d Ole Einar Björndalen ☐
- e Michael Greis ☐
- f Sven Fischer ☐

Lösungen

Dieser Lösungsschlüssel enthält die Lösungen zu allen Quizfragen. Sie können mit dem Lösungsschlüssel gleichzeitig überprüfen, wie gut Ihr Wissen über Deutschland ist. Tragen Sie dazu Ihre Punktzahl neben der Lösung ein, übertragen Sie sie in den Bewertungsschlüssel auf Seite 83–84 und lesen Sie dort, wie gut Ihre Ergebnisse sind.

0 Kleines Deutschland-Quiz

richtig: a, b, c, d, e, f, h, i, k, l, m, n, o, p, r, s, t;
falsch: g, j, q

Modul 1: Politik in der Demokratie – Basiswissen

1 richtig: a, b, c, d, f; falsch: e, g   7/___
   (zu e: alle 4 Jahre; zu g: schwarz-rot-gold)

Die Bundesländer

2 c Berlin d Brandenburg e Bremen f Hamburg
   g Hessen h Mecklenburg-Vorpommern i Niedersachsen j Nordrhein-Westfalen k Rheinland-Pfalz
   l Saarland m Sachsen n Sachsen-Anhalt
   o Schleswig-Holstein p Thüringen   14/___
3 a, d, f   3/___
4 c   1/___
5 waagerecht, von oben nach unten: b Stuttgart
   c Wiesbaden d Bremen e München[1] f Hamburg
   g Hannover   6/___
   senkrecht, von links nach rechts: b Erfurt
   c Schwerin d Kiel e Dresden f Potsdam
   g Magdeburg h Saarbrücken i Mainz   8/___
6 3 Hamburg c Hamburg 5 Niedersachsen
   e Hannover f Potsdam 7 Berlin g Berlin
   8 Sachsen-Anhalt h Magdeburg 9 Nordrhein-Westfalen i Düsseldorf 10 Hessen j Wiesbaden
   12 Sachsen l Dresden 13 Rheinland-Pfalz
   15 Baden-Württemberg o Stuttgart
   16 Bayern p München   20/___

Bund und Länder

7 Bund: c, Länder: c   2/___
8 1a, 2b, 3d, 4a, 5c   5/___
9 b Bund c Länder d Bund e Länder
   f Länder g Bund   6/___
10 richtig: a, b, d, e; falsch: c   5/___
   (zu c: Der Bundeskanzler wird vom
   Bundestag gewählt.)
11 richtig: a, b, d; falsch: c   4/___
12 richtig: a, b, d; falsch: c   4/___
13 richtig: b, c, d, f; falsch: a, e   6/___
14 a   1/___
15 c   1/___

16 b Bundeswehr c Bundesrepublik
   d Bundestagswahl e Bundesregierung
   f Bundespräsident g Bundesversammlung
   h Bundesverfassungsgericht   7/___

Politische Parteien und die Bundestagswahl

17 a, b, d, e, f   5/___
18 a   1/___
19 b   1/___
20 a   1/___
21 b   1/___
22 2d, 3f, 4a, 5c, 6b   5/___
23 b Bürger/Bürgerin c Stimmen d gewählt
   e Zwang f Wahlsystem   5/___
24 waagerecht: 1 CDU 2 Hamburg
   3 Bundesversammlung 4 Minister
   5 Brandenburg 6 Demokratie
   7 Bundeswehr 8 Bayern 9 Bundeskanzler
   senkrecht: 1 Bund 2 Bundestagswahl
   3 Währung 4 Landtag 5 Grundgesetz   14/___

Gewaltenteilung

25 b (Man nennt die Medien oft
   „vierte Gewalt".)   1/___
26 richtig: a, d, e, f; falsch: b, c   6/___

Politische Einflussnahme

27 e   1/___
28 a, b, c, d   4/___
29 kämpfen, Integration, ausländischen,
   Bevölkerung   4/___

Rechtsstaat Deutschland, Bürgerrechte, Bürgerpflichten

30a a, b, c, e, f   5/___
30b a   1/___
30c c   1/___
31 a, b, c, d, e   5/___
32 a, b, e, f   4/___
33 2c, 3f, 4e, 5a, 6b   5/___
34 b Judikative c Legislative d Bürgerinitiativen
   e Ausländerbeiräte f Demonstrationen
   g Gleichberechtigung   6/___

[1] Die Umlaute sind im Lösungsschlüssel alle in der richtigen Schreibweise (in den Kreuzworträtseln ü = ue, ä = ae, ö = oe).

Lösungen

Rechtsprechung in der Bundesrepublik Deutschland
35b 2f, 3b, 4e, 5c, 6a 5/__
36 2e, 3f, 4a, 5c, 6b 5/__
37 2e, 3f, 4a, 5c, 6d 5/__

Staatssymbole
38 richtig: a, b, d, e; falsch: c 5/__
(zu c: Die Musik wurde von Franz Josef Haydn komponiert; der Text ist von A.H.H. von Fallersleben)
39 f Siegel der USA 1/__
Länderwappen: a Baden-Württemberg
b Bayern c Berlin d Brandenburg e Bremen
g Hessen h Mecklenburg-Vorpommern
i Niedersachsen j Nordrhein-Westfalen
k Rheinland-Pfalz l Saarland m Sachsen
n Sachsen-Anhalt o Schleswig-Holstein
p Thüringen

Sozialstaat Deutschland
40 2a, 3b/e, 4d 4/__
41 a … katholischen Kirche b … evangelischen Kirche
c … Wohlfahrtsverband
d … Juden in Deutschland 4/__
42 2c, 3d, 4a 3/__
43a a, c, e, f, g 5/__
43b a Rentenversicherung b Krankenversicherung
c Arbeitslosenversicherung
d Pflegeversicherung 4/__

Soziale Marktwirtschaft
44a c 1/__
44b d 1/__
45 gewählt, sozialen, Sicherheit, informieren 4/__
46 a, d, e 3/__
47 2a, 3c, 4d 3/__
48 richtig: a, c, d, e; falsch: b, f 6/__
49 Ludwig Erhard, Ideen, lenken, frei, Ungerechtigkeiten 5/__
50 richtig: b, c, e, f; falsch: a, d 6/__

Modul 1: Politik in der Demokratie – Erweitertes Wissen

Bundeskanzler, Parteien und Wahlen
51 b … Erhard c … Kiesinger d … Brandt
e … Schmidt f … Kohl g … Schröder
h … Merkel 7/__
52 c 1/__
53 Gründungsjahr: SPD (nicht 2002, sondern 1863) 1/__
Themenblock: FDP 1/__
(nicht Diktatur des Proletariats und sozialistische Planwirtschaft, sondern Liberalismus, Arbeitsplätze, Bildung)
54 b Stimmung c stimulieren d Wahlheimat
e Produktion 4/__

Gewaltenteilung und Rechtsprechung
55 Aufgabe, entscheiden, Bundesrat, Bundesland 4/__
56 Exekutive, Bundesregierung, Gesetze, halten 4/__
57 Gerichte, bestraft, Gesetz, Bundesverfassungsgericht, unabhängig 5/__
58 Rechtsanwalt, Richters, Schöffen, Strafmaß, Staatsangehörigen 5/__
59 waagerecht: 1 Bundesverfassungsgericht
2 Bundesregierung 3 Gericht 4 Recht
5 Landtag 6 Bundesrat
senkrecht: 1 unabhängig 2 Gesetz
3 ausführen 4 verabschieden 5 Bundestag 11/__
Lösungswort: Deutschland 1/__

Wirtschaft und Gewerkschaften
60 a, b, c, d, e, f 6/__
61 2a, 3d, 4b 3/__

Modul 2: Geschichte und Verantwortung – Basiswissen

Nationalsozialismus und der Zweite Weltkrieg
1 demokratische, Macht, oppositionellen, Verfolgung, Weltkrieg, Millionen 6/__
2 d, f 2/__
3 c 1/__
4 a, d, f 3/__
5 b Konzentrationslager c unmenschlich
d Attentäter e hingerichtet f Krieg 5/__
6 c Anne Frank d Carl von Ossietzky
e Claus Schenk Graf von Stauffenberg
f Dietrich Bonhoeffer 4/__
7 c Hermann Göring d Adolf Hitler
e Joseph Goebbels f Heinrich Himmler 4/__

Von der Teilung bis zur Wiedervereinigung
8 Besatzungszonen, Hauptstadt, Heimat, Flucht, westlichen, sowjetischen 6/__
9 a Großbritannien b Sowjetunion d USA 3/__

Lösungen

10	Sowjetunion, Zukunft, gegründet, Demokratie, Einfluss, stark	6/___
11a	Unfreiheit, fliehen, Demonstrationen, Mauer, System, östlichen	6/___
11b	2d, 3e, 4b, 5a	4/___
12	richtig: a, b, d, e; falsch: c, f	6/___
13	b BR Deutschland c DDR d BR Deutschland / DDR e Berlin f BR Deutschland g DDR h BR Deutschland	8/___
14	2 1990 3 1945–1949 4 1990 5 1949 6 1989	5/___
15	1 Sowjetunion 2 Alliierten 3 Wiederaufbau 4 Ostverträge 5 Konsumgesellschaft 6 Ostblockstaaten 7 Vorhang 8 NATO 9 Volksaufstand 10 Besatzungszone 11 Stasi 12 Weltkriege 13 Luftbrücke 14 Wende 15 Grundgesetz 16 Mauer 17 Wiedervereinigung	17/___
	Lösungswort: Wirtschaftswunder	1/___
16	c Konrad Adenauer d Willy Brandt e Horst Köhler f Erich Honnecker	4/___

Die Geschichte der Migration nach Deutschland

17	b	1/___
19	b Polen c Vertriebene d Gastarbeiter aus den Mittelmeerländern e Gastarbeiter aus Vietnam, Mosambik und Angola f Asylbewerber g Kontingentflüchtlinge h Spätaussiedler	7/___

Die Europäische Union (EU)

20a	richtig: a, b, c, d; falsch: e (seit 2002)	5/___
20b	richtig: a, c, e; falsch: b, d (zu b: 27 Mitgliedsstaaten; zu d: alle 5 Jahre)	5/___
21	2 Spanien 3 Irland 4 Großbritannien 5 Frankreich 6 Belgien 8 Luxemburg 9 Deutschland 10 Italien 11 Malta 12 Dänemark 13 Schweden 14 Finnland 17 Litauen 18 Polen 20 Österreich 21 Slowenien 23 Ungarn 24 Rumänien 27 Zypern	19/___

Modul 2: Geschichte und Verantwortung – Erweitertes Wissen

Von der Weimarer Republik bis zum Zweiten Weltkrieg

22	2a, 3d, 4e, 5b	4/___
23	Sowjetunion, Japan, Stalingrad, Rückzug, kapitulierte	5/___

Deutschland nach dem Krieg

24	2d, 3b, 4a, 5c	4/___
25	c (nicht 1957, sondern 1947)	1/___
26	a Frankreich c Sowjetunion d USA	3/___

Die DDR und die Bundesrepublik Deutschland

27	b	1/___
28	b	1/___
29	c	1/___
30	a, b, c, d, e, f, h, k, l	9/___

Die Europäische Union

31	2d, 3e, 4a, 5b	4/___
32	2e, 3a, 4d, 5c	4/___

Modul 3: Mensch und Gesellschaft – Basiswissen

Das alles ist Deutschland

1	b Familienleben c Hausordnung d Begrüßung e Hochhäuser in Frankfurt a.M. f Hörsaal in einer Universität g Lieblingssport der Deutschen h Köln i Vater mit Sohn j Haus mit Solaranlage k Verbotsschilder l Ostseebad Binz	11/___

Die deutsche Sprache

2	a, b, c, e, f, h, i	7/___
3	a, b, d, e, f, h, i	7/___

Regionale Spezialitäten

4	2a, 3f, 4b, 5c, 6d	5/___
5	a, b, c, d, f, g	6/___

Menschen in Deutschland

6	a, b, c, e	4/___
7	a, c, e, f	4/___
8	2f, 3a, 4h, 5c, 6e, 7b, 8d	7/___
9a	volljährig, Toleranz, Jugendamt, Elterngeld, Elternzeit	5/___
9b	richtig: a, c, d, f; falsch: b, e	6/___
10	a, b, c, d, f	5/___

Bildung als Aufgabe der Länder

11a	a Krippe b Kindergarten c Grundschule d Hauptschule f Gymnasium	5/___
11b	richtig: a, b, d, f; falsch: c, e	6/___
11c	richtig: a, c, d, f; falsch: b, e	6/___
12	b Lehre, Abitur c Hochschulreife d Universität	4/___

Lösungen

13 richtig: a, c, d, e; falsch: b, f 6/___
    (zu b: Man macht die praktische Aus-
    bildung in einer Firma und die theoretische
    Ausbildung in einer Berufsschule.)
14 1 volljährig 2 Standesamt 3 Partner 4 Generationen
    5 Trennungsjahr 6 Anwalt 7 unverheiratet 8 allein-
    erziehend 9 Elternzeit 10 strafmündig 11 Jugend-
    licher 12 Jugendamt 13 Grundschule 14 Realschule
    15 Unterricht 16 studieren 16/___
    Lösungswort: Vertrauenslehrer 1/___

Religiöse Vielfalt

15 Religionsfreiheit, Inhalte, öffentlichen,
    Krankenhäuser, Religionsunterricht 5/___
16 richtig: a, b, c, e; falsch: d, f 6/___
    (zu d: Die Juden in Deutschland haben
    ca. 100 000 Mitglieder.)
17 b st, c ch, d st, e ch, f st, g ch, h ch 7/___

„Typisch"...

18/19 individuelle Lösungen

Kulturelle Orientierung – Verhalten und Regeln

20a richtig: b, c, d, e; falsch: a, f 6/___
20b richtig: a, b, c, e; falsch: d, f 6/___
    (zu d: Autofahren muss man in einer
    Fahrschule lernen; zu f: Sie legen Wider-
    spruch bei der Behörde ein.)
21 a, c, d, f 4/___
    (zu e: Die häufigste Haushaltsform in
    Deutschland ist ein Haushalt mit einem
    Erwachsenen.)
22 a, b, d, f 4/___
23 2d, 3f, 4e, 5a, 6b 5/___

Modul 3: Mensch und Gesellschaft – Erweitertes Wissen

24 2e, 3d, 4f, 5c, 6a 5/___
25 a, b, d, e, f, g 6/___
    (zu c: Ca. 70 % der Frauen sind berufstätig.)
26 richtig: a, b, d; falsch: c, e 5/___
    (zu c: Man nannte diese Arbeitnehmer
    „Gastarbeiter"; zu e: Die ersten Gastarbeiter
    kamen aus Italien.)
27 2a, 3d, 4e, 5b 4/___

Modul 4: Geografie – Basiswissen
Geografie Deutschlands im Überblick

1 richtig: a, b, d, e, f, h 6/___
   (zu c: ca. 900 km; zu g: gemäßigte Klimazone)

Städte

2 a Berlin b Hamburg c München 3/___
3 a, c, d 3/___

Flüsse und Seen

4 richtig: b, c, d, f; falsch: a, e 6/___
   (zu a: Sie mündet ins Schwarze Meer;
   zu e: Sie fließt zwischen Deutschland und Polen.)
5 b (in Italien), d (in Frankreich) 2/___
6 c (Er liegt in der Schweiz.) 1/___
7 b Rhein c Oder d Elbe e Neckar
   f Donau g Main 6/___

Gebirge

8 b 1/___
9 c 1/___

Modul 4: Geografie – Erweitertes Wissen
Geografie Deutschlands im Überblick

10 a Norddeutsche Tiefland, Wiesen,
    kleinere, Flüsse 4/___
    b ändert, Deutsche Mittelgebirge, Harz,
    höchstem, Wäldern 5/___
    c Main, Mittelgebirgslandschaft, überqueren,
    Alpenvorland, Hochgebirges 5/___

Städte

11 b, c, d, f 4/___
12 b Main c Rhein d Donau e Weser f Neckar
    g Isar h Elbe i Rhein 8/___
13 b Nürnberg c Bochum d Heidelberg
    e Frankfurt f Bonn g Essen h Ulm i Berlin 8/___

Berge/Gebirge

14 a, b, c, d, e, f 6/___
    (zu g: Der höchste Berg Deutschlands ist die Zug-
    spitze (2962m); die Wildspitze liegt in Österreich.)
15 a, c, e (b und d gehören zu Österreich.) 3/___

Inseln

16 b (Bornholm gehört zu Dänemark.) 1/___
17 b (ca. 900 km²) 1/___

Flüsse, Seen, Berge, Nachbarländer, ...

18 b Ostsee c Hamburg d Oder
    e Lüneburger Heide f Harz g München 6/___
19 richtig: a, b, d, f; falsch: c, e 6/___
    (Der größte See in Österreich ist der
    Neusiedler See.)

Lösungen

Modul 5: Berlin – Basiswissen

20	c	1/___
21	c	1/___
22	b	1/___
23	b	1/___
24	b	1/___
25	a	1/___

Modul 5: Berlin – Erweitertes Wissen

26 richtig: b, c, d, f; falsch: a, e   6/___
(zu a: Berlin ist die größte deutsche Stadt; zu e: Berlin wurde stark zerstört.)
27 b   1/___
28 b   1/___
29 b Schloss Charlottenburg c Alexanderplatz d Siegessäule e Kurfürstendamm f Brandenburger Tor g Olympiastadion   6/___
30 Kaufhaus des Westens   1/___
31 a   1/___

Modul 6: Verkehr – Basiswissen

Straßenverkehr und Sicherheit
32 richtig: a, b, c   3/___
33 b   1/___
34 c   1/___

Autos in Deutschland
35 2f, 3d, 4a, 5c (Wortspiel zu: Liebe geht durch den Magen.), 6b   5/___
36 c (Lada ist eine russische Automarke.)   1/___
37 a   1/___
38 b   1/___

Modul 6: Verkehr – Erweitertes Wissen

Kurzüberblick über: Schienenverkehr, ...
39 konstant, Straße, zunehmen, Fluggesellschaft, Güterverkehr   5/___

Straßenverkehr und Sicherheit
40 b   1/___
41 a, b, c, d, f   5/___
42 2a, 3b, 4e, 5c   4/___
43 c   1/___

Straßenverkehr und Umwelt
44 a, b, c, e   4/___
45 automatisch, weniger, heutige, Wasserstoff, Energiequelle   5/___

Modul 7: Medien – Basiswissen

Kurzüberblick über die Medien in Deutschland
46 Presse, Gewalt, Verkaufszahlen, Fernsehen, Bürger   5/___

Zeitungen
47 a, b, d   3/___
48 a   1/___

Fernsehen
49 a, b, c, d, e, f, h, j   8/___
50 c Mitteldeutscher Rundfunk e Radio Bremen
   f Rundfunk Berlin-Brandenburg
   g Saarländischer Rundfunk
   h Südwestrundfunk   5/___

Modul 7: Medien – Erweitertes Wissen

Zeitungen/Zeitschriften
51 a, c („profil" kommt aus Österreich.)   2/___
52 2g, 3e, 4a, 5b, 6j, 7i, 8c, 9f, 10d   9/___

Fernsehen
53 Information, Rundfunkgebühren, Werbung, Vollprogramm, Unterhaltungssendungen   5/___
54 a ZDF, Die Dritten b RTL, Pro 7, Sat 1   5/___
55 2e, 3f, 4d, 5b, 6a   5/___
56 2g, 3c/d, 4f, 5a, 6h, 7e, 8d/c   7/___

Mediennutzung
57 b 44 Minuten d 28 Minuten f 220 Minuten   3/___

Kreuzworträtsel zu „Geografie", „Berlin", „Verkehr" und „Medien"
58 1 Brocken 2 Feldberg 3 Hamburg
   4 Frankfurt 5 Hauptstadt 6 Kurfürstendamm
   7 Autobahnen 8 Knautschzonen
   9 Landstraßen 10 Tageszeitungen
   11 Gewalt 12 Focus 13 Spartenprogramm   13/___
   Lösungswort: Kraftfahrzeug   1/___

Modul 8: Literatur – Basiswissen

59 a Faust, Die Leiden des jungen Werther   2/___
   b Maria Stuart, Wilhelm Tell   2/___
60 spürest, Hauch, Walde, Warte, auch   5/___
61 b   1/___
62 a   1/___
63 f   1/___
64 b (Dieses Buch ist von Ernest Hemingway.)   1/___
65 2c, 3a, 4d   3/___

Lösungen

66 a ... Seelen ... in meiner ...
   b ... dem Wissen wächst der ...
   c ... viel Licht ... auch viel ...
   d ... irrt der ... er ... 4/___

Modul 8: Literatur – Erweitertes Wissen

67 2a, 3c, 4b 3/___
68 2a, 3c, 4b 3/___
69 a A, b D, c CH, d CH, e D, f A, g D, h D 8/___
70 b Werner von Siemens, Gründer der
   Firma Siemens c Max Planck, Physiker
   d Marlene Dietrich, Schauspielerin
   e Richard Wagner, Komponist
   f Robert Koch, Biologe
   g Wernher von Braun, Raketenpionier 6/___
71 b Friedrich Schiller c Heinrich Heine
   d Franz Kafka e Bertolt Brecht
   f Erich Maria Remarque g Günter Wallraff
   h Elfriede Jelinek 7/___
72 a Friedrich Schiller: Wilhelm Tell
   b Franz Kafka: Der Prozess
   c Günter Grass: Die Blechtrommel
   d Bertolt Brecht: Die Dreigroschenoper
   e Ernst Jünger: In Stahlgewittern
   f Thomas Mann: Die Buddenbrooks
   g Heinrich Böll: Die verlorene Ehre der
   Katharina Blum 6/___

Modul 9: Film, Musik und Malerei – Basiswissen

73 a, b, c, d, f 5/___
74 a, b, d, e 4/___
75 a 1/___
76 b (Rembrandt war Niederländer.) 1/___
77 b Anne-Sophie Mutter (Violinistin)
   c Mario Adorf (Schauspieler)
   d Romy Schneider (Schauspielerin)
   e Richard Wagner (Komponist)
   f Albrecht Dürer (Maler) 5/___

Modul 9: Film, Musik und Malerei – Erweitertes Wissen

78 2d, 3f, 4b, 5a, 6c 5/___
79 2e, 3a, 4c, 5d 4/___
80 2c, 3d, 4a 3/___
81 b 1/___
82 b M, c S, d K, e M, f S 5/___

Modul 10: Bekannte Deutsche – Basiswissen

83 richtig: a, c, d, e, f, g, i, j; falsch: b, h 10/___
   (zu b: Martin Luther war Theologe;
   zu h: Johannes Gutenberg ist der Erfinder
   des Buchdrucks.)
84 2a, 3e, 4b, 5f, 6d 5/___
85 b Johann Sebastian Bach c Martin Luther d Johannes Gutenberg e Albert Einstein
   f Karl Marx 5/___

Modul 10: Bekannte Deutsche – Erweitertes Wissen

86 b Physiker c Filmregisseure d Schauspieler
   e Komponisten f Bundeskanzler
   g Opernsänger h Philosophen 7/___
87 b SPD c Komponist d Biologe
   e 18. Jahrhundert f 20. Jahrhundert
   g Sänger h Tennis 7/___
88 b Robert Schumann (Komponisten)
   c Franz Marc (Maler) d Ludwig Erhard (Bundeskanzler) e Heinrich Hertz (Physiker)
   f Gerhart Hauptmann (Dichter)
   g Gottlieb Daimler (Erfinder/Autobauer)
   h Franz Beckenbauer (Sportler) 7/___
89 b Wilhelm Conrad Röntgen
   c Otto von Bismarck d Immanuel Kant
   e Robert Koch f Ludwig van Beethoven 5/___

Modul 11: Sport – Basiswissen

90 b Michael Schumacher c Rosi Mittermaier
   d Jan Ullrich e Boris Becker 4/___
91 c 1/___
92 b 1/___
93 c 1/___
94 b Michael Schumacher c Steffi Graf
   d Rosi Mittermaier e Katarina Witt
   f Franz Beckenbauer 5/___

Modul 11: Sport – Erweitertes Wissen

95 d 1/___
96 c 1/___
97 c 1/___
98 a 1/___
99 a 1/___
100 a, c, e, f 4/___

Bewertungsschlüssel

0 Kleines Deutschland-Quiz
Bewertungsschlüssel
Für jedes Kreuz an der richtigen Stelle (entweder bei ‚richtig' oder bei ‚falsch') erhalten Sie einen Punkt.

20 Punkte	Super!
18-19 Punkte	sehr gut
16-17 Punkte	gut
14-15 Punkte	befriedigend
11-13 Punkte	ausreichend

10 Punkte und weniger: noch nicht ausreichend (Machen Sie dieses kleine Deutschlandquiz noch einmal, wenn Sie alle Übungen dieses Buches durchgearbeitet haben. Sie werden dann Ihr Ergebnis deutlich verbessern.)

Modul 1: Politik in der Demokratie
Basiswissen

Frage 1–16	100/___
Frage 17–34	76/___
Frage 35–50	70/___
Summe	246/___

Bewertungsschlüssel Basiswissen

240–246 Punkte	Super!
212–239 Punkte	sehr gut
184–211 Punkte	gut
156–183 Punkte	befriedigend
128–155 Punkte	ausreichend

Weniger als 128 Punkte: noch nicht ausreichend (Arbeiten Sie in diesem Fall bitte alle Übungen zu Modul 1, Basiswissen, noch einmal durch.)

Erweitertes Wissen

Frage 51–61	53/___

Bewertungsschlüssel Erweitertes Wissen

52–53 Punkte	Super!
46–51 Punkte	sehr gut
40–45 Punkte	gut
34–39 Punkte	befriedigend
28–33 Punkte	ausreichend

Weniger als 28 Punkte: noch nicht ausreichend (Arbeiten Sie in diesem Fall bitte alle Übungen zu Modul 1, Erweitertes Wissen, noch einmal durch.)

Modul 2: Geschichte und Verantwortung
Basiswissen

Frage 1–16	91/___
Frage 17–21	37/___
Summe	128/___

Bewertungsschlüssel Basiswissen

126–128 Punkte	Super!
111–125 Punkte	sehr gut
96–110 Punkte	gut
81–95 Punkte	befriedigend
66–80 Punkte	ausreichend

Weniger als 66 Punkte: noch nicht ausreichend (Arbeiten Sie in diesem Fall bitte alle Übungen zu Modul 2, Basiswissen, noch einmal durch.)

Erweitertes Wissen

Frage 22–32	37/___

Bewertungsschlüssel Erweitertes Wissen

36–37 Punkte	Super!
32–35 Punkte	sehr gut
28–31 Punkte	gut
24–27 Punkte	befriedigend
19–23 Punkte	ausreichend

Weniger als 19 Punkte: noch nicht ausreichend (Arbeiten Sie in diesem Fall bitte alle Übungen zu Modul 2, Erweitertes Wissen, noch einmal durch.)

Modul 3: Mensch und Gesellschaft
Basiswissen

Frage 1–14	111/___
Frage 15–23	43/___
Summe	154/___

Bewertungsschlüssel Basiswissen

151–154 Punkte	Super!
133–150 Punkte	sehr gut
115–132 Punkte	gut
97–114 Punkte	befriedigend
80–96 Punkte	ausreichend

Weniger als 80 Punkte: noch nicht ausreichend (Arbeiten Sie in diesem Fall bitte alle Übungen zu Modul 3, Basiswissen, noch einmal durch.)

Erweitertes Wissen

Frage 24–27	20/___

Bewertungsschlüssel Erweitertes Wissen

20 Punkte	Super!
18–19 Punkte	sehr gut
16–17 Punkte	gut
14–15 Punkte	befriedigend
11–13 Punkte	ausreichend

Weniger als 11 Punkte: noch nicht ausreichend (Arbeiten Sie in diesem Fall bitte alle 4 Übungen zu Modul 3, Erweitertes Wissen, noch einmal durch.)

Bewertungsschlüssel

Bewertungsschlüssel Modul 1–3

Gesamtpunktzahlen zum Teil Basiswissen:

246/____ + 128/____ + 154/____ = 528/_____ Punkte

Bewertungsschlüssel Basiswissen

515–528 Punkte	Super!
455–514 Punkte	sehr gut
395–454 Punkte	gut
335–394 Punkte	befriedigend
275–334 Punkte	ausreichend

Weniger als 275 Punkte: noch nicht ausreichend

Wenn Sie deutlich mehr als 275 Punkte erzielt haben, haben Sie gute Chancen, den Orientierungskurstest zu bestehen.

Wenn Sie weniger als 275 Punkte erzielt haben, sollten Sie besonders die Übungen, bei denen Sie große Schwierigkeiten hatten, noch einmal durcharbeiten.

Gesamtpunktzahlen zu den Teilen Basiswissen + Erweitertes Wissen:

528/____ + 53/__ + 37/__ + 20/__ = 638/____ Punkte

Bewertungsschlüssel Basiswissen + Erweitertes Wissen

623–638 Punkte	Super!
551–622 Punkte	sehr gut
478–550 Punkte	gut
405–477 Punkte	befriedigend
332–404 Punkte	ausreichend

Weniger als 332 Punkte: noch nicht ausreichend

Wenn Sie deutlich mehr als 332 Punkte erzielt haben, haben Sie gute Chancen, den Einbürgerungstest zu bestehen.

Wenn Sie weniger als 332 Punkte erzielt haben, sollten Sie besonders die Übungen, bei denen Sie große Schwierigkeiten hatten, noch einmal durcharbeiten.

Modul 4: Geografie

Basiswissen (Frage 1–9)	29/___
Erweitertes Wissen (Frage 10–19)	57/___

Modul 5: Berlin

Basiswissen (Frage 20–25)	6/___
Erweitertes Wissen (Frage 26–31)	16/___

Modul 6: Verkehr

Basiswissen (Frage 32–38)	13/___
Erweitertes Wissen (Frage 39–45)	25/___

Modul 7: Medien

Basiswissen (Frage 46–50)	22/___
Erweitertes Wissen/Kreuzworträtsel (Frage 51–58)	50/___

Modul 8: Literatur

Basiswissen (Frage 59–64)	13/___
Erweitertes Wissen (Frage 65–72)	40/___

Modul 9: Film, Musik und Malerei

Basiswissen (Frage 73–77)	16/___
Erweitertes Wissen (Frage 78–82)	18/___

Modul 10: Bekannte Deutsche

Basiswissen (Frage 83–85)	20/___
Erweitertes Wissen (Frage 86–89)	26/___

Modul 11: Sport

Basiswissen (Frage 90–94)	12/___
Erweitertes Wissen (Frage 95–100)	9/___

Bewertungsschlüssel Modul 4–11

Gesamtpunktzahlen zum Teil Basiswissen:

29/___+ 6/___+13/___+22/___+ 13/___+16/___+
20/___+ 12/___= 131/___ Punkte

Bewertungsschlüssel Basiswissen

127–131 Punkte	Super!
113–126 Punkte	sehr gut
98–112 Punkte	gut
83–97 Punkte	befriedigend
68–82 Punkte	ausreichend

Weniger als 68 Punkte: noch nicht ausreichend (Arbeiten Sie die Übungen, bei denen Sie keine guten Ergebnisse erzielt haben, noch einmal durch.)

Gesamtpunktzahlen Erweitertes Wissen:

57/___+ 16/___+ 25/___+ 50/___+ 40/___+ 18/___+
26/___+ 9/___= 241/___ Punkte

Bewertungsschlüssel Erweitertes Wissen

234–241 Punkte	Super!
207–233 Punkte	sehr gut
180–206 Punkte	gut
153–179 Punkte	befriedigend
125–152 Punkte	ausreichend

Weniger als 125 Punkte: noch nicht ausreichend (Arbeiten Sie die Übungen, bei denen Sie keine guten Ergebnisse erzielt haben, noch einmal durch.)